Sunshine Chinese
Teachers' Guidebook 3

阳光汉语教师手册 3

主　编：〔美〕刘　骏
（Jun Liu）

编　者：张燕岚

商务印书馆
创于1897 The Commercial Press

图书在版编目(CIP)数据

阳光汉语教师手册. 3 /（美）刘骏主编；张燕岚编. —
北京：商务印书馆，2020
（阳光汉语系列教材）
ISBN 978-7-100-18243-0

Ⅰ. ①阳… Ⅱ. ①刘…②张… Ⅲ. ①汉语—对外汉
语教学—教学参考资料 Ⅳ. ①H195.4

中国版本图书馆 CIP 数据核字（2020）第 049006 号

阳光汉语教师手册·3
〔美〕刘 骏 主编
张燕岚 编

商 务 印 书 馆 出 版
（北京王府井大街36号 邮政编码100710）
商 务 印 书 馆 发 行
北京虎彩文化传播有限公司印刷
ISBN 978-7-100-18243-0

2020年8月第1版 开本 787×1092 1/16
2020年8月北京第1次印刷 印张 16

定价：68.00元

前 言

我们知道有两个关键因素影响外语学习。一个是环境因素。如果学习者置身于目的语文化环境之中，他们不但能够掌握所学的目的语，而且还能够在各种情况下得体、自如地运用所学的语言，这是语言的社会功能所决定的。一个是学习者的年龄因素，它独立于语言环境。我们普遍认为，学习者越早习得一种外语，取得的学习效果就越好。许多关于儿童学习外语的研究证明语言习得存在一个“关键期”。如果儿童在十三四岁以前开始学习一种外语，他们更能自然地习得目的语的发音和语调。而正确的发音和语调反过来也有助于他们学习词汇、使交流变得容易，并可提升他们的自信心。由此可见，儿童的早期外语教育极为重要。

在对儿童早期外语教育的实践中，有许多成功的案例，比如加拿大的早期沉浸式课程，美国很多小学的双语课程等。但是却很少有汉语作为儿童，特别是幼儿所学的外语的成功范例。除了缺少足够的师资、有效的教学法和完善的课程设置外，一个主要原因是缺少充满乐趣、易学，且易于评估的适合于儿童特点的学习材料。

研发上述适合儿童的国际汉语课本一直是我的一个愿望。作为孔子学院总部 / 国家汉办的高级顾问，我参与了中小学生汉语考试（YCT）的研发工作。YCT 遵循“考教结合”“轻松、活泼、有趣”的原则，考试设计与目前国际中小学生使用的教材和学习水平紧密结合。2009 年底 YCT 大纲正式出版，于是我便萌生了专门为非汉语国家中小学生研发一套与 YCT 相配套的、活泼有趣的汉语教材的想法。2010 年，我与商务印书馆周洪波总编辑商议共同研发以《阳光汉语》为名的汉语系列教材，并于同年启动该研发项目。《阳光汉语》系列教材首次尝试以 YCT 大纲对词汇、语法、语言功能的要求为纲，以此为教材划定一个相对合理科学的难度范畴，这样做不但可以提高学习者的汉语综合运用能力，还可以帮助学习者进行自我评估，并且可以为教师了解学习者的学习成果提供反馈。

《阳光汉语》系列教材有如下特点：

一、编写理念

教材以培养学习者的汉语交际能力为核心，并以培养学习者学习汉语的兴趣为导向，倡导在故事中学习汉语与中国文化，在游戏中操练汉语的教学理念。

二、编写原则

1.“考教结合”的原则

（1）教材将 YCT 与语言学习巧妙地结合起来。教材以 YCT 大纲对词汇、语法、语言功能的要求作为教材编写的依据，依据 YCT 大纲的四个等级分别编写四个级别的课本，并且实现了 YCT 词汇、语言点的全覆盖。

（2）为了便于学习者适应 YCT，教材测试题的题型与 YCT 题型一致。

2. 寓教于乐的原则

（1）教材依据儿童的认知心理特点和第二语言习得规律，通过故事将语言学习的系统性与趣味性巧妙地结合起来。

教材将 YCT 大纲中所要求的词汇、语言点、语言功能自然地融入一个个有趣的故事中，使学习者在轻松愉快的氛围中感知汉语、学习汉语，并且随着故事的发展循序渐进地提高汉语能力。

全套教材四个级别共由 48 个彼此独立而内部关联的小故事组成。每个级别分别有 12 单元，而一个单元就是一个故事。故事的主线围绕着来自中国、韩国、美国、澳大利亚不同国家的四个孩子在北京的生活展开。他们在北京的“阳光国际学校”相识，在这个多元文化的国际学校中他们成为了好朋友，共同学习、交流、成长。这些故事贴近中小学生的生活，不但可以激发学生学习汉语的兴趣，而且在故事所展现的不同情境中可以让学生体会语言的实际运用，从而学会运用汉语进行交际。

在编写故事时，我们注重词汇、句型的复现，同时还适当地运用跳跃性思维，加入“出乎意料”的小幽默，增强了语言学习的趣味性。

（2）教材通过故事为学习者营造汉语文化体验的环境和氛围。

教材每个级别的故事分别发生在“国际学校”“中外家庭环境”“北京社区公园”等生活场景中，而中国文化元素则在这些生活场景中自然地呈现，学习者在学习汉语的同时也在体验着中国文化。

三、教材简介

《阳光汉语》系列教材是一套专为非汉语国家中小学汉语学习者及要参加 YCT 的学生而编写的汉语教材。

全套教材共 12 册，分为四个等级，每个等级分别对应 YCT 的一级、二级、三级、四级。每个等级有学生用书 A、B 两册和配套的教师用书一册。《活动手册》附在每本学生用书的后面。

《阳光汉语》系列教材历经数载，虽路途坎坷，但在团队全体成员的共同努力下终得以全部完成。它是团队集体智慧与汗水的结晶。作为本系列教材的主编，我首先要衷心感谢商务印书馆周洪波总编辑一直以来给予编写团队的大力支持与指导。在此我也非常感谢《阳光汉语》系列教材的全体编者，她们是：王秀卿、易文、魏慧萍、张燕岚、赵延风、耿子怡。她们都有丰富的中小学汉语教材编写经验与海外教学经验。在编写中她们一遍又一遍地修改，从而使书中人物日渐成长，而她们的信心、工作热情与努力也随之日渐增强，从而使这套教材最终圆满完成。

作为世界汉语教学学会的副会长、美国纽约石溪大学副校长和副教务长、前美国佐治亚州立大学副教务长、前美国亚利桑那大学孔子学院院长，我目睹了这些年来海外中小学汉语课程的蓬勃发展，并一直亲身参与着国际汉语教学事业的建设与发展工作。我希望这套系列教材能得到海外中小学学习者的喜爱，并希望它能伴随着他们的成长，帮助他们提高汉语能力、了解中国文化，为将来建设一个美好的世界打下良好的基础。我也希望使用本系列教材的师生能将使用的意见和建议反馈给我们，以便我们进一步完善，使它成为汉语学习者的好向导。

刘　骏

目 录

使用说明

为方便教师对《阳光汉语课本 3》的教学目标、教学步骤、教学重点和难点、教学活动等内容有全面的了解，编者编制了《阳光汉语教师手册 3》，希望能够为教师的课堂教学提供参考。

《阳光汉语教师手册 3》除主体内容外，前面附有“《阳光汉语课本 3》总览”，后面附有“附录”。

《阳光汉语课本 3》总览

列出每一课的话题、功能和语言点。此外，由于《阳光汉语课本 3》12 个单元的 12 个小故事是以四季的更替为线索，以秋季九月开学第一天为故事的开始，以第二年夏季七月学年最后一天为故事的结束，所以这里也列出了每一课故事发生的季节。希望能便于教师把握、规划课堂教学。

主体部分

每课由六部分组成：

一、教学目标

从话题、功能、语法、生词、汉字几个方面列出所要达到的目标。其中，生词部分列出本课的生词，词后括号内的数字“1、2、4”显示该词在 2016 年出版的最新版 YCT 考试大纲中的词汇级别；括号内的“外”表示该词为 YCT 大纲以外的词汇；没有特别标注的均为 YCT 三级词汇。另外，如果一个词的构成语素是 YCT 大纲所要求的词汇，那么这个词也算作 YCT 大纲内的词，在词后括注“内”。比如“雪”和“人”是 YCT 大纲内的词，那么“雪人”也算作 YCT 大纲内的词汇。“补充生词”后面括号内的数字“2、3、4”和“外”也如此。此外，生词还按词性分类另列了一个词汇表，方便教师教学。

二、教学步骤

教学步骤由导入、生词的学习、课文的学习、交际与运用、相关文化知识介绍、学汉字、学唱中国歌（读古诗 / 说绕口令 / 猜谜语）等环节组成。

1. 导入。首先向教师提供导入新课的方法，然后介绍本课学习任务及课文故事简介。在导入新课后，教师可向学生简单介绍后两项内容，以便学生在学习新课前了解要完成的学习任务，并对所要学习的课文故事有个大概的了解。课文故事简介的最后提出一些问题，这些问题需要学生学习完课文后才能回答，这样可以激发学生学习的兴趣，引导学生学习课文。

2. 生词。包括读生词、熟悉与记忆生词、讲练生词和巩固生词。其中，读生词这部分在第一课详细介绍操作步骤，其他课相同，步骤省略。

3. 课文。包括朗读课文、帮助学生初步了解课文故事、讲练课文中的语言点、检查对课文的理解及复习本课词汇和语言点。其中朗读课文这部分在第一课详细介绍操作步骤，其他课相同，步骤省略。帮助学生初步了解课文故事这部分，教师需要再次向学生提问课文故事简介中提出的问题，学生回答。

4. 交际与运用。本课功能项目的交际性练习，旨在培养学生运用汉语进行交际的能力。

5. 相关文化知识介绍。提供与课文故事相关的中国文化小贴士，以帮助学习了解相关的中国文化。

6. 学汉字。教学生学写课文中出现的一些常用汉字。

7. 学唱中国歌（读古诗 / 说绕口令 / 猜谜语）。教学生与课文内容相关的中国歌、古诗、绕口令以及猜谜语等，旨在激发学生学习兴趣的同时，帮助学生巩固所学知识。

三、教学重点和难点

1. 重点讲练词汇。对重点生词进行解释、扩展，并给出例句供教师参考。

2. 语法。对课文中的语言点的用法进行解析，并给出例句供教师参考。

四、教学活动

1. 词汇。包括熟悉与记忆生词、讲练生词、巩固生词三个环节。在熟悉与记忆环节为教师提供一些帮助学生熟悉、记忆生词的方法。有些方法是常用的，不在每课中详细说明，而把操作方法附在书后的“附录”中，教师在附录中找到方法的名称便可查到详细的操作方法。

2. 语法。为教师提供操练语言点的各种活动，这些活动按照导入语言点、帮助学生理解与初步掌握语言点的用法、帮助学生进一步掌握语言点、帮助学生巩固语言点、语言点的交际性练习的顺序进行，其中每个活动都说明了活动的目的，便于教师把握教学。

3.《活动手册》说明。包括练习说明和练习参考答案。练习说明部分说明该练习是什么样的练习，对一些教师可能不太熟悉的练习说明了要求学生如何做，并且给教师提出了一些操作建议。

五、教学小贴士

提供一些与课文故事相关的中国文化知识。

六、一课一测

每一课结束时给学生做的测试题。题型是仿照 YCT 的题型设计的，可以帮助想参加 YCT 考试的学生熟悉该考试，为将来的 YCT 考试做准备。

附录

分为两部分。第一部分总结了《阳光汉语课本 3》的题型及所训练的技能和练习的目的，并对一些使用频度高的练习提供了练习的要求和方法，便于教师教学。第二部分为教师提供一些课堂活动方法及针对课堂教学活动中遇到的问题提出策略。课堂活动方法包括词语的练习方法、“击鼓传花”游戏的变化形式及需要考虑的问题、课堂活动中学生的分组方法。课堂教学中的策略包括奖励学生的方式、叫学生回答问题的策略、唤起与集中学生注意力的方法。

以上说明和建议仅供参考。教师在实际的课堂教学中可根据需要进行调整、灵活使用。

《阳光汉语课本 3》总览

季节	题目	话题	功能	语言点
秋	1. 这是我们的学校	校园内外环境	描述方位	方位词、副词“还”1
	2. 你喜欢上什么课	学校生活（介绍年级、谈论课程及学习时长）	提建议、询问（学习生活，如年级、课程、学习时长）	语气助词“吧”，动词重叠，副词“多”，时量补语
	3. 欢迎来中国	欢迎与问候	表达欢迎、问候及评价某事物	“要……了”，转折连词“但是”，副词“都”“再”，量词“些”，代词“每”“您”
冬	4. 明天天气怎么样	季节与天气	描述季节与天气特征、解释原因	副词“太”“还”2，“最”，疑问代词“为什么”，连词“因为……所以”
	5. 祝您生日快乐	祝贺生日	表达赠送礼物及祝贺生日	用“对吗”的是非问句，介词“给”，量词“本”“件”“杯”，人称代词“自己”，助动词“能”，副词“别”
	6. 这条裙子太瘦了	购物（食品、服装）	购物的表达(问价钱，讨价还价、描述胖瘦、长短、颜色等）、表达顺序	量词“斤”“条”“双”“次”，序数词
春	7. 你们学校远吗	距离与交通	描述距离（远、近）、表达交通方式及从一个地方到另一个地方所用的时间	“的”字短语，副词“就”
	8. 你喜欢什么运动	运动及爱好	谈论运动及爱好、描述动作行为（好、快、慢等）、表达数量、描述性别	“在……呢”，情态补语

	9. 你去过动物园吗	参观公园	谈过去的经历、安慰	动态助词“过”，动量补语（数词＋“次”），副词“一起”，人称代词“它”，小结语气助词“了”和动态助词“了”
夏	10. 你是在哪儿看这个电影的	谈电影	说明过去动作的时间、地点、方式；评价电影等娱乐活动	“是……的”句
	11. 你哪儿不舒服	健康	描述身体状况、请假	结果补语（上、开、完、到、懂），“把”字句，程度副词“有(一)点儿”
	12. 暑假你想做什么	谈假期打算	谈打算（假期打算）	全书主要语言点总复习

第一课　这是我们的学校

一 教学目标

（一）话题

校园内外环境

（二）功能

描述方位

（三）语法

1. 方位词
用于以下表示存在的句式：
（1）某处所（某人）+ 方位词 + 有 + 某物（某人）
（2）某物（某人）+ 在 + 某处所（某人）+ 方位词
（3）某处所（某人）+ 方位词 + 是 + 某物（某人）
2. 频度副词："还"1

（四）生词

1. 课文生词：
左、蛋糕店、右、超市（4）、旁边、前、还、车站、教学楼（外）、图书馆（4）、体育馆（4）、运动场（外）、后、教室、新
补充词汇：
下（2）、外面（3）
2. 按词性分类词汇表：
名词：左、蛋糕店、右、旁边、前、车站、后、教室
形容词：新
副词：还

（五）汉字

左、右

二 教学步骤

（一）导入

1. 根据情况，教师可选用如下方法之一导入：

（1）如果学校周围有商店、超市、车站等场所，可画学校与周边环境平面图，不写场所名称，标示出学校，以学校为参照点，在相应的位置上写出方位词“前、后、左、右”。教师边指着图中相应的方位词边问学生“学校前边（后边/左边/右边）有什么？”，引出本课话题与学习内容。

（2）如果学校里有教学楼、图书馆、体育馆等建筑，可画学校环境平面图，在图中标示出教学楼，以教学楼为参照点，问学生“图书馆（体育馆/运动场）在哪儿？”，引出本课的话题与学习内容。

（3）在黑板相应位置写出方位词“前、后、左、右”，并用手势说明，然后问学生“你前边（后边/左边/右边）是谁？”，引出本课的话题与学习内容。

2. 本课学习任务：

学会描述方位。

3. 课文故事简介：

本课讲述的是开学第一天 Tom 介绍自己学校的故事。Tom 首先从校园外介绍学校的周围环境，然后在校园内介绍学校的建筑布局，最后在教室里介绍自己座位的位置。你知道 **Tom 的前边、后边、左边、右边是谁**吗？

（二）生词

1. 读生词：教师领读，学生跟读、轮读。注意纠正发音。
2. 熟悉与记忆生词：参见“四、教学活动”的“（一）词汇”。
3. 讲练生词：参见“三、教学重点和难点”的“（一）方位词”。
4. 巩固生词：做《活动手册》第 58 页“看看贴贴”、59 页“看看连连”。

（三）课文

1. 朗读课文：教师领读，学生跟读、轮读。注意纠正发音。

2. 帮助学生初步了解课文故事：教师提问课文故事简介中的问题（粗体字），学生回答。

3. 学习课文第二段，讲练句型：某处所（某人）+ 方位词 + 有 + 某物（某人），做教学活动语法部分活动 1、2。

4. 讲练副词“还”，做教学活动语法部分活动 3、4。

5. 学习课文第三段，讲练句型：某物（某人）+ 在 + 某处所（某人）+ 方位词，做教学活动语法部分活动 5—7、8（《活动手册》第 60 页“听听判断”）。

6. 学习课文第五段，讲练句型：某处所（某人）+ 方位词 + 是 + 某物（某人），做教学活动语法部分活动 9—10、11（《活动手册》第 61 页“读读贴贴”）。

7. 检查对课文的理解及复习本课词汇和语言点，做《活动手册》第 62 页“听听找不同”。

（四）交际与运用

做《活动手册》第 63 页“你家在哪儿”。

（五）相关文化知识介绍

参见“五、教学小贴士”。

（六）学汉字：“左”“右”

做《活动手册》第 62 页“写汉字”。

（七）学唱中国歌：《找朋友》

做《活动手册》第 63 页“唱一唱”。

三 教学重点和难点

（一）方位词

方位词是指表示方向和相对位置关系的词，按其结构可分为：单纯方位词和合成方位词。

单纯方位词都是单音节的，如：上、下、左、右、前、后、里、外、东、南、西、北、旁等。单纯方位词较少单独使用。

合成方位词由单纯方位词后边加上“边”“面”等构成，表示方位、处所。“边”“面”

要读轻声。合成方位词在句中可以单独使用，可做主语、宾语、定语，也可以受定语的修饰。例如：

学校左边有一个蛋糕店。（做主语）
运动场在后边。（做宾语）
他旁边的那个人是谁？（做定语）

1. 方位词做定语时，后边一般要用“的”，如“右边的商店”“左边的书”。
2. 方位词受定语修饰时，前边可以不用“的”，如“学校前边”“教学楼左边”。

方位词可用于以下表示存在的句式中：

1. 某处所（某人）+ 方位词 + 有 + 某物（某人）

当要说明某个方位或处所存在某人或某物时，可用这一“有”字句来表达。我们在本系列教材的第二册学过这一句式，例如“桌子上边有书、铅笔和茶”“书包里面有书和铅笔”。本课是对这一句式的扩展，学习使用更多的方位词表达。例如：

我家前边有一个车站。
学校旁边没有超市。

2. 某物（某人）+ 在 + 某处所（某人）+ 方位词

当要说明某人或某物存在于某一方位或处所时，可用这一句式来表达。例如：

贝贝在图书馆外面。
图书馆在教学楼左边。
心爱在我前边，不在我后边。

3. 某处所（某人）+ 方位词 + 是 + 某物（某人）

当要说明某个方位或处所存在某人或某物时，可用这一来表达。例如：

教学楼右边是体育馆。
我后边是贝贝。

“有”字句和“是”字句都可以表示存在，但二者是有区别的：

1. 用“有”的句子只说明某处存在着某人或某物，而用“是”的句子是已知某处存在人或事物，要进一步说明某人是谁或某物是什么。例如：

学校旁边有什么？——学校旁边有一个商店和一个蛋糕店。
教学楼左边是图书馆吗？——教学楼左边是体育馆，不是图书馆。
你前边是谁？——我前边是心爱。

2. 用“有”的句子宾语是不确指的，用“是”的句子宾语可以是确指的，也可以是不确指的。因此，我们可以说“商店后边有一个学校”，而不能说“商店后边有我们学校”，而应该说“商店后边是我们学校”。

（二）频度副词“还”1

频度副词“还”可以表示除了提到的情况外，另有所补充。例如：

我有两个哥哥，还有一个姐姐。
桌子上边有书、铅笔，还有茶。

四 教学活动

（一）词汇

1. 熟悉与记忆生词

（1）用“图片 / 卡片法”练习方位词与处所词。

本课方位词与处所词可分别进行练习，练习方法可参考附录“词语的练习方法”中“图片 / 卡片法”。

（2）方位词的其他练习方法。

方位词也可采用以下两种方法进行练习：

A. 拍手指方位。

a. 教师说指令，学生在相应的方位拍手。例如，教师说“上”，学生手在头顶上方拍手；教师说“下”，学生手掌向下拍手；教师说“前”或“后”，学生手在身前或身后拍手；教师说“左”或“右”，学生手在身体左方或右方拍手；教师说“里”，学生先拍手，然后双手分开，掌心向里对着自己；教师说“外”，学生先拍手，然后双手分开，掌心向外。

b. 方法同上，教师说指令，全班学生一起做“上上下下，左左右右，前前后后，里里外外”。

c. 分组练习，教师发指令，学生做动作。做对的组得分，得分多的组获胜。

B. 说前指后。

a. 教师说方位词，学生伸手指向相反的方位。例如，教师说“下”，学生伸手指向上方；教师说“左”，学生伸手指向右方；教师说“后”，学生伸手指向前方。

b. 把学生分为两组：一组学生先到教室前面听指令做动作，另一组学生在下面做裁判，做错的学生要下来，坚持到最后的学生获胜。教师换另一组学生到教室前面做动作。

2. 巩固生词

做《活动手册》第 58 页“看看贴贴”。

（二）语法

1. 某处所（某人）+ 方位词 + 有 + 某物（某人）

◆ **活动 1**

活动目的：通过物品放置的不同位置帮助学生掌握方位词用于表示存在的“有”字句的表达。

活动准备：一个书包、一本书、一支铅笔、一个苹果、一个香蕉、一杯水、一瓶可乐。

活动步骤：

（1）把事先准备的物品随意放置在书包里面、外面、上边、下边、左边、右边、前边、后边不同的位置，分别问学生“书包里面（外面 / 上边 / 下边……）有什么？”，引导学生练习方位词用于表示存在的“有”字句的表达。学生回答后教师领读正确的表达。

（2）把上述物品重新随意放置在书包的不同位置，让学生用“书包里面（或其他方位词）有……”来描述。

◆ **活动 2**

活动目的：通过建筑物的方位帮助学生巩固方位词用于表示存在的“有”字句的表达。

活动准备：准备一些处所词卡片，如“学校、商店、超市、蛋糕店、车站、医院”，一张卡片写一个词语，再准备一些卡片大小的白纸。把“学校”卡片贴在黑板中间，然后把其他处所词卡片分别贴在其前、后、左、右不同位置上，有的方位可以贴两个处所词卡片。除“学校”卡片外，其他词语卡上面各贴一张白纸，以盖住上面的词。

活动步骤：

（1）教师把学生分为一、二两组，每次各组各叫一个学生到教室前面做练习（分组练习方法可参照附录《课堂活动方法》中“课堂活动中学生的分组方法”）。

（2）以学校为参照物，教师确定前、后、左、右各方位。

（3）教师让一组学生用“学校前边（后边 / 左边 / 右边）有什么？”提问，二组学生要根据问题中的方位揭去学校前边（或其他方位词）词卡上面的白纸，然后根据露出的处所词回答，如回答正确，则为其所在的组得一分。

（4）教师叫下一组学生进行练习，但不得重复前面组学生已问过的问题。

（5）当各方位都问过后，以“学校”卡为中心，教师重新摆放其前、后、左、右的处所词卡，然后让学生继续进行问答练习。注意：教师重新摆放处所词卡时上面要盖着白纸，以免学生看到词卡内容。

（6）各组做完问答练习后，两组交换角色，二组学生提问，一组学生回答。

（7）最后得分多的组获胜。

2. 频度副词“还”1

◆ 活动 3

活动目的：通过实物演示帮助学生理解并掌握副词“还”的用法。

活动准备：可利用活动 1 中的物品。

活动步骤：

（1）把物品（比如书、铅笔、苹果）随意放在书包里，问学生“书包里面有书、铅笔，还有什么？”，学生要回答“还有苹果”。

（2）以上面的例子说明“还”的用法，并领说一遍“书包里面有书、铅笔，还有苹果”。

（3）把一些物品放到桌子上，问学生“桌子上边有……，还有什么？”，引导学生用“还”来表达。学生回答后教师领说一遍正确的表达。

◆ 活动 4

活动目的：通过情境设置帮助学生巩固副词“还”的用法。

活动准备：准备处所、食品、饮料、颜色等不同类别词语的卡片（比如超市、车站、米饭、面条、苹果、香蕉、牛奶、茶、红色、黄色；每类卡片要准备双数张，卡片总数要与学生人数相同）；把每类卡片平均分为 A、B 两组；比如处所类有四张卡片，则每组各两张，然后再把 A 组所有卡片、B 组所有卡片分别混合在一起。根据卡片内容，在黑板上写一些句子的开头部分，例如：学校旁边有、桌子上边有、我喜欢吃、我喜欢喝、我喜欢。

活动步骤：

（1）把学生分为两组，一组学生分别抽取一张 A 组卡片，另一组学生分别抽取一张 B 组卡片。

（2）让一组第一个学生根据抽到的卡片，选取黑板上的语句说一个完整的句子，比如抽到“红色”，可以说“我喜欢红色”。另一组学生要判断自己抽到的卡片能不能用“还”补充这个句子，比如抽到“黄色”的学生可以说“还喜欢黄色”，然后把整个句子说一遍“我喜欢红色，还喜欢黄色”。如果所说的句子是正确的，两个学生就把卡片交还给教师。

（3）依次类推，学生继续说句子直到所有卡片都交还给教师。

（4）两组学生交换角色，重新抽卡片。一组学生抽 B 组卡片，二组学生抽 A 组卡片，然后二组学生先说句子，一组学生用“还”来补充句子。

3. 某物（某人）+ 在 + 某处所（某人）+ 方位词

◆ **活动 5**

活动目的：通过物品放置的不同位置帮助学生掌握方位词用于表示存在的“在”字句的表达。

活动准备：可利用活动 1 中的物品。

活动步骤：

（1）把书放在书包里面，问学生“书在哪儿？”；如果学生回答不正确，教师给出正确的表达“书在书包里面”，并领说。

（2）把书或其他物品随意放在书包外面、左边、右边、前边、后边、上边、下边等不同位置，分别问学生“书（或其他物品）在哪儿？”，引导学生练习用“……在书包外面（或其他方位词）”回答。学生回答后，教师领说一遍正确表达。

◆ **活动 6**

活动目的：通过猜物品的方位，帮助学生熟练掌握方位词用于表示存在的“在”字句的表达。

活动准备：准备一个书包、一个香蕉（或一个苹果）、一块硬纸板（或其他可以遮挡书包的物品）。

活动步骤：

（1）用纸板挡住书包，把香蕉（或苹果）放在书包里面、外面、左边、右边、前边、后边、上边、下边等不同位置，分别问学生“香蕉在哪儿？”；学生要猜香蕉在什么位置，用“香蕉在书包里面（或其他方位词）”来回答。

（2）给予最先说对的学生小奖励。

◆ 活动 7

活动目的：通过听指令，找位置，帮助学生巩固上述句型。

活动准备：利用活动 2 中处所词卡片，也可另准备一些处所词卡片，如教学楼、图书馆、体育馆、体育场。

活动步骤：

（1）先为学生确定教室里前、后、左、右各方位，然后找一名学生拿一张“学校”（或“教学楼”）卡片，站在教室前面，作为参照位置。

（2）根据卡片数量，选 3—5 个学生到教室前面，每人抽一张卡片。

（3）教师说句子，如“超市在学校左边”，拿着“超市”卡片的学生按指令站到“学校”的左边，同时向其他学生展示卡片，并重复句子。

（4）为增加活动的难度与挑战性，可以同时说几个句子，如“蛋糕店在学校左边”“商店和超市在学校右边”“车站在学校前边”“医院在学校后边”，让持卡片的学生一起找位置。

（5）其他学生判断教室前面的学生站的位置是否正确，可给予找出错误的学生小奖励。

◆ 活动 8

活动目的：帮助学生进一步巩固上述句型。

做《活动手册》第 60 页“听听判断”。

4. 某处所（某人）+ 方位词 + 是 + 某物（某人）

◆ 活动 9

活动目的：通过图示，帮助学生掌握方位词用于表示存在的“是”字句的表达。

活动准备：画一个学校与周边环境平面图，标示出学校及其前、后、左、右的建筑名称，如超市、车站等。也可画校园平面图，标示出教学楼、图书馆、运动场等名称。下面活动步骤以学校与周边环境平面图为例。

活动步骤：

（1）提问“学校前边是超市吗？”（比如图中学校前边是车站），如果学生回答不正确，教师给出正确的表达“学校前边是车站，不是超市”，并领说。

（2）方法同上，教师再分别问学生“学校后边 / 左边 / 右边是……吗？”，引导学生练习方位词用于表示存在的“是”字句的表达。学生回答后，教师领说一遍正确表达。

◆ 活动 10

活动目的：通过描述学生的位置，帮助学生巩固方位词用于表示存在的“是”字句的表达。

活动步骤：

（1）教师问一个学生“你前边是谁？”，如果学生不知道怎么回答，可边指着这个学生前边的学生，边问“你前边是贝贝吗？”（假设坐在前边的学生的名字是“贝贝”，以下学生名字也都为假设名）。学生回答后，再问全班学生“和子（回答问题学生的名字）前边是谁？”，全班学生要回答出“和子前边是贝贝”。

（2）教师问贝贝“你左边是谁？”，比如学生回答“我左边是心爱”。教师再问全班学生“贝贝左边是谁？”。

（3）依此类推，教师继续问学生“你后边 / 右边是谁？”，学生回答后，再问全班同学“……后边 / 右边是谁？”。

（4）教师做示范，用“他前边 / 后边 / 左边 / 右边是……”来描述一名学生的位置，学生要猜所描述的是哪位学生。

（5）学生按教师所做的示范，描述班上一个学生的位置，其他学生猜所描述的是谁。

◆ **活动 11**

活动目的：帮助学生进一步巩固上述句型。

做《活动手册》第 61 页“读读贴贴”。

（二）《活动手册》说明

1. 练习目的及方法

“看看贴贴”（第 58 页）：本课方位词练习。

“看看连连”（第 59 页）：本课处所词练习。

“听听判断”（第 60 页）：本课语言点用“在”表达方位的练习。

“读读贴贴”（第 61 页）：本课语言点方位表达的三种句式和副词“还”用法的综合练习。

“听听找不同”（第 62 页）：本课课文综合练习。要求学生边听录音边找出录音与所对应的插图不一致的地方，听完录音后要按插图所示描述出正确的表达。

“写汉字”（第 62 页）：通过学写方位词帮助学生巩固本课所学方位词。

“你家在哪儿”（第 63 页）：本课语言点方位的表达及描述方位这一功能的练习。练习的目的是在模拟真实的语言情境中帮助学生学会把本课所学方位的表达运用到实际交际中。要求学生先画一张自己的家庭住址地图，要画出周围有什么建筑，然后用本课所学的方位表达（“有”字句、“是”字句、“在”字句）来描述。

“唱一唱”（第 63 页）：歌曲《找朋友》的歌词中有很多处所词，通过唱歌这一轻松的形式帮助学生巩固本课所学的处所词。

2. 参考答案

“看看贴贴”（第 58 页）：

Tom：外面；Linda：前边；心爱：后边；贝贝：右边；新同学：左边；书：上边；书包：下边

“听听判断”（第 60 页）：

听力材料		正确答案：
（1）Tom 在教室外面。	（F）→	（1）Tom 在教室里面。
（2）书包在桌子下边。	（F）→	（2）书包在桌子上边。
（3）车站在学校旁边。	（F）→	（3）车站在学校前边。
（4）体育场在教学楼左边。	（F）→	（4）体育场在教学楼后边。

“读读贴贴”（第 61 页）：

（1）我家前边有一个（车站），（后边）有一个商店。

（2）学校（左边）是一个蛋糕店，右边是一个（超市）。

（3）Linda（在）教室（外面）。

（4）贝贝（在）我前边，贝贝的（旁边）是心爱。

（5）桌子上边（有）米饭、面条，（还）有包子。

（6）书包（里面）有书、铅笔，（还）有苹果。

“听听找不同”（第 62 页）：

	听力材料	正确描述
①	那是我们的学校。学校右边有一个蛋糕店，左边有一个超市。超市旁边有一个医院。学校后边还有一个车站。	学校左边有一个蛋糕店，右边有一个超市。学校前边还有一个车站。
②	这是我们的学校。学校里边有教学楼、图书馆、体育馆和运动场。那是教学楼。图书馆在教学楼右边，体育馆在教学楼左边。运动场在哪儿？在图书馆后边。	图书馆在教学楼左边，体育馆在教学楼右边。运动场在哪儿？在教学楼后边。

（续表）

	听力材料	正确描述
③	这是我们的教室。我坐那儿。我左边是心爱，我右边是贝贝，我前边是 Linda。我后边是谁？一个新同学。	我前边是心爱，我后边是贝贝，我右边是 Linda。我左边是谁？一个新同学。

五 教学小贴士

中国中、小学的学制

中国中、小学的现行学制是小学六年，中学六年。其中，中学包括初中和高中，各三年。小学第一个年级称为“一年级”，后面依次为“二年级”“三年级”“四年级”“五年级”“六年级”；初中第一个年级称为“初一”，后面依次为“初二”“初三”；高中第一个年级称为“高一”，后面依次为“高二”“高三”。

中、小学每年 9 月 1 日开学，到第二年的 7 月初为一个学年。每个学年有两个学期。第一学期从 9 月 1 日一般到第二年的 1 月中旬（中国的新年春节前）；第二个学期一般从 2 月中旬（春节后）到 7 月初。学生一年放两次假，分别为“寒假”和“暑假”，分别在第一个学期结束后和第二个学期结束后。

六 一课一测 Assessment

（一）听录音，判读正误。 Listen to the recording and determine which is true or false (√/×).

1.	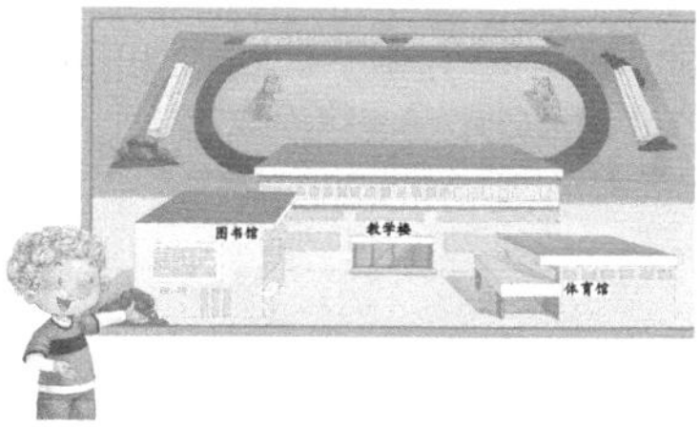	
2.	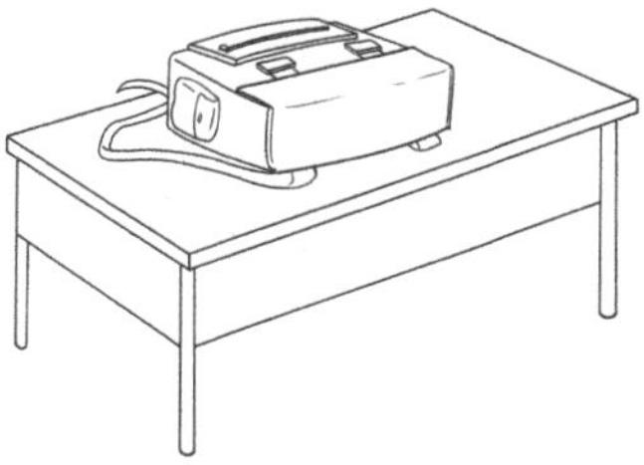	
3.	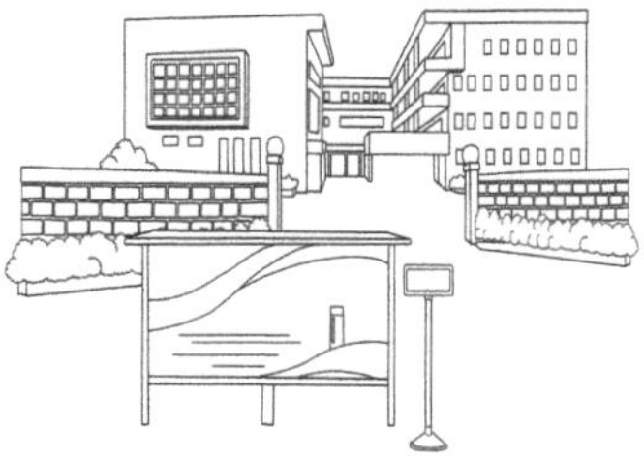	
4.	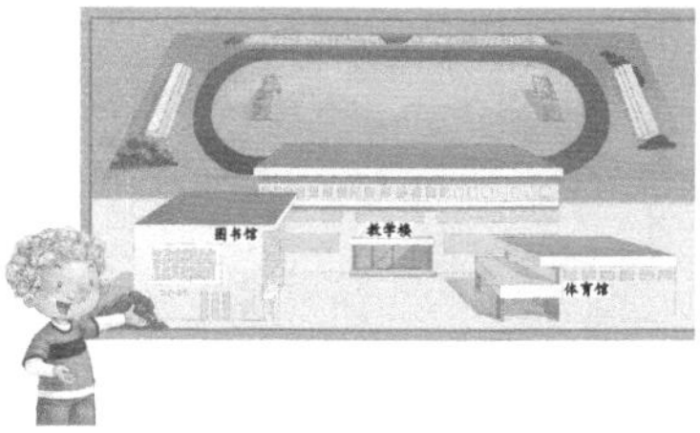	

（二）为每幅图选择一个与其相符的表达。 Choose the right statement for each picture below.

1. 

A 贝贝在 Tom 前边。
B 贝贝在 Tom 后边。
C 贝贝在 Tom 旁边。

2. 

A 学校前边有一个超市。
B 学校后边有一个超市。
C 学校旁边有一个超市。

3. 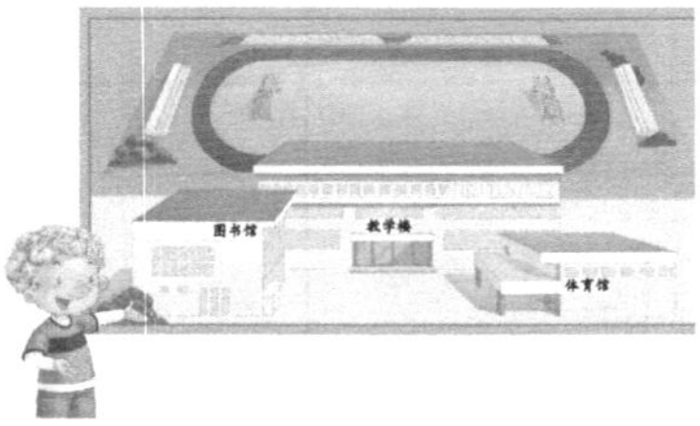

A 图书馆后边是体育馆。
B 图书馆右边是超市。
C 图书馆右边是体育馆。

4. 

A 书在桌子下边。
B 书在桌子上边。
C 书在桌子旁边。

（三）看图说话。 Describe the surroundings of the school in the picture.

“一课一测”参考答案

（一）听录音，判读正误。

1. √　2. ×　3. ×　4. ×

听力材料：

1.Tom 在图书馆外面。

2. 书包在桌子下边。

3. 学校旁边有一个车站。

4. 体育馆右边是运动场。

（二）为每幅图选择一个与其相符的表达。

1.C　2.C　3.C　4.B

（三）看图说话。

可以用表示存在的“有”字句表达，也可以用“是”字句表达。参考如下：

学校前边有一个车站。学校左边是一个蛋糕店，右边是一个超市，超市旁边是一个商店。学校前边还有一个车站。

第二课　你喜欢上什么课

一 教学目标

（一）话题

学校生活（介绍年级、谈论课程及学习时长）

（二）功能

提建议、询问（学校生活，如年级、课程、学习时长）

（三）语法

1. 语气助词“吧”
2. 动词重叠
（1）单音节：“AA”式或“A 一 A”式
（2）双音节：“ABAB”式
3. 程度副词“多”
4. 时量补语
（1）动词（+ 了）+ 时量补语
（2）动词（+ 了）+ 时量补语（+ 的）+ 宾语

（四）生词

1. 课文生词：

阿姨（4）、走、爬山（4）、吧、累、想、午饭（外）、休息、加油（外）、面包（1）、果汁、车、东西、够（4）、上、年级、课、有意思、难、听、读、写（2）、时间、帮（4）、英语（外）、没问题（外）、帮助（4）

补充词汇：

数学（外）、历史（外）、地理（外）、法语（外）、西班牙语（外）、每（3）、书（内）、音乐（外）、作业（3）

2. 按词性分类词汇表：
动词：走、想、休息、上、听、读、写、帮、帮助
名词：面包、果汁、车、东西、年级、课、时间
形容词：累、有意思、难
助词：吧
短语：没问题

（五）汉字

汉、语

二 教学步骤

（一）导入

1. 导入方法：
询问学生喜欢上什么课及原因，由此引出本课话题与学习内容。
2. 本课学习任务：
学会教学目标中所列的功能项目。
3. 课文故事简介：
秋天爬香山，登高望远，是北京人所喜爱的活动。本课讲述的是 Tom 和妈妈、王阿姨、莉莉去爬香山的故事。中午他们在山上吃午饭时，Tom 和莉莉谈论起学校的生活，如上几年级、喜欢什么课程、学习多长时间了等。你知道 **Tom 喜欢上什么课**吗？**为什么？**

（二）生词

1. 读生词：步骤略。
2. 熟悉与记忆生词：参见“四、教学活动”的“（一）词汇”部分。
3. 讲练生词：参见“三、教学重点和难点”的“（一）重点讲练词汇”。
词汇讲练方法参见“四、教学活动”“（一）词汇”部分的“2. 词汇用法的讲练及方法”。
4. 巩固生词：做《活动用书》第 64—65 页“看看贴贴”，66 页“连一连”。

（三）课文

1. 朗读课文：步骤略。

2. 帮助学生初步了解课文故事：教师提问课文故事简介中的问题（粗体字），学生回答。

3. 讲练语气助词"吧"，做教学活动语法部分活动 1、2（《活动手册》第 67 页"找朋友"）。

4. 讲练动词的重叠，做教学活动语法部分活动 3、4（《活动手册》第 68 页"看图选词"）。

5. 讲练时量补语，做教学活动语法部分活动 5—8、9（《活动手册》第 69 页"看图完成对话"），10（《活动手册》第 71 页"回答下列问题"）。

6. 检查对课文的理解及复习本课词汇和语言点，做《活动手册》第 70 页"听听判断"。

（四）交际与运用

做《活动手册》第 70 页"分角色表演"。

（五）相关文化知识介绍

参见"五、教学小贴士"。

（六）学汉字："汉、语"

做《活动手册》第 71 页"写汉字"。

（七）学唱中文歌：《早操歌》

做《活动手册》第 66 页"唱一唱"。

三 教学重点和难点

（一）重点讲练词汇

1. 走

"走"的基本义是脚交互向前移动，如"走路"，但本课是"离开、去"的意思。"走"的两个义项在本课教师可都介绍给学生。

例句：

（1）没有脚，可以走吗？——没有脚，也可以走。
（2）你几点走？——我七点走。

2. 累
扩展：很累、不累
例句：

（1）我累了，想休息。
（2）你累吗？——我不累。

3. 东西
扩展：吃的东西、喝的东西、买东西
例句：

（1）昨天妈妈买了很多吃的东西和喝的东西。
（2）我想去买东西。

4. 上
扩展：上四年级、上几年级
例句：

你上几年级？——我上四年级。

5. 课
扩展：汉语课/英语课/数学课/历史课/地理课/法语课/西班牙语课、有汉语课、没有汉语课、上课、上什么课
例句：

（1）你今天有汉语课吗？——我今天没有汉语课，明天有汉语课。
（2）今天你上课吗？——今天是星期六，我不上课。
（3）明天你上什么课？——明天我上汉语课、英语课和数学课。

（4）你喜欢上什么课？——我喜欢上汉语课。

6. 有意思

扩展：没有意思

例句：

（1）你喜欢上汉语课吗？——喜欢，汉语课很有意思。

（2）今天的课有意思吗？——今天的课没有意思。

7. 时间

扩展：有时间、没有时间、多长时间（用法见语法部分“时量补语”）

例句：

今天你有时间画画儿吗？——今天我没有时间画画儿。

8. 帮、帮助

“帮”和“帮助”的用法接近，但“帮”多用于口语，“帮助”则多用于比较正式的场合或书面语，此外，“帮助”也可作名词，如“谢谢你的帮助”。

例句：

（1）我帮你学英语，你帮我学汉语，好吗？

（2）你帮助我，我帮助你。

（二）语法

1. 语气助词“吧”

语气助词“吧”用在句尾，可以表示商量、建议，使句子的语气比较缓和。例如：

（1）我们走吧。

（2）我们在那儿吃饭吧。

（3）你休息休息吧。

2. 动词重叠

汉语中有些动词可以重叠，常常表示动作持续的时间短，或者尝试的意义。使用动词重叠可以使说话人的语气显得缓和、轻松、随便。

单音节动词的重叠形式是“AA”或“A 一 A”，如“看看、听听、读一读、写一写”。双音节动词的重叠形式是“ABAB”，中间不能加“一”，如“休息休息、学习学习”。

单音节动词重叠时，第二个音节（即重叠的部分）读轻声，如果动词是第三声，第一个音节一般变为第二声，如“zóuzou（走走）”“xiéxie（写写）”。双音节动词重叠，第一个音节重读，第三个音节次重读，第二、四音节轻读 。

例如：

（1）我想去外面走一走。

（2）我可以看看你的书吗？

（3）你可以帮帮我吗？

（4）我累了，想休息休息。

3. 程度副词“多”

程度副词“多”放在形容词前，可用来提问。例如：

（1）这个书包多少钱？

（2）你今天学习多长时间汉语？

（3）你今年多大？

（4）他多高？

4. 时量补语

时量补语用在动词后边，表示动作或状态持续的时间，通常由表示时间段的词或短语充当，如“十分钟、两个小时、三个星期、四个月、两年”。

当动词带宾语时，可以把时量补语放在动词与宾语之间。时量补语和宾语之间可以加“的”。疑问式常用“多长时间”提问。格式如下：

（1）不带宾语：

疑问式：动词（+ 了）+ 多长时间

肯定式：动词（+ 了）+ 时量补语

例如：

你休息了多长时间？——我休息了十分钟。

（2）带宾语：
疑问式：动词（+了）+多长时间（+的）+宾语
肯定式：动词（+了）+时量补语（+的）+宾语
例如：

你画了多长时间的画儿？——我画了四十分钟的画儿。
你看了多长时间电视？——我看了五十分钟电视。

注意：当宾语是人称代词时，不能放在时量补语的后边。不能说“我等了一个小时的他。”应该说“我等了他一个小时。”

带时量补语的句子，如果动词后带助词“了”，句尾还有助词“了”，则表示这个动作仍在继续进行；如果只是动词后带“了”，句尾没有“了”，则表示动作可能已经结束。试比较：

我学了两年汉语了。（现在还在学汉语）
我学了两年汉语。（现在已不再学汉语）

当动词带宾语时，也可以重复动词，宾语位于第一个动词后，时量补语位于重复的动词后。例如：

我看书看了二十分钟。

本课可暂不要求学生掌握这种句式。

四 教学活动

（一）词汇

1. 熟悉与记忆生词

（1）练习名词与形容词。

名词与形容词的练习方法教师可参考附录《课堂活动方法》“词语的练习方法”中“图片 / 卡片法”。

（2）练习动词。

动词的练习方法教师可参考附录《课堂活动方法》“词语的练习方法”中“动作法”。

（3）练习课程名称——我说你拿课本。

活动准备：

课前教师让学生带来所学的不同课程的课本。教师也可把学生的一些课本封面复印一下，封面要能清楚显示课程名称。每本书的封面复印件数量与学生人数一致。

活动步骤：

（1）学生拿出所学的不同课程的课本。如果活动是使用学生课本封面复印件，教师把复印件发给每个学生。

（2）教师说课程名称，学生举起相应的课本或课本封面复印件。

2. 词汇用法的讲练及方法

参见“三、教学重点与难点”的“（一）重点讲练词汇”。

教师可通过把词扩展成短语，再到句子来帮助学生掌握词语的用法。教师可与学生进行简单的问答练习，给学生提供词语使用的语境，以帮助学生理解并掌握词语的用法，并可帮助学生在词语的使用中加深对词语的印象。

3. 巩固生词

做《活动手册》第 64—65 页“看看贴贴”。

（二）语法

1. 语气助词“吧”

◆ 活动 1

活动目的：通过语境帮助学生理解并掌握语气助词“吧”的用法。

活动准备：在黑板上写 A、B 两组句子。A 组写在左列，为句尾是“吧”的表示建议的句子的使用语境，可以是陈述句，也可以是问句；B 组写在右列，为句尾是“吧”的表示建议的句子。下面几组对话供教师参考，教师要把A、B两组句子的顺序打乱，学生要根据A组句子提供的语境，在B组句子中找出相应的建议，组成一个对话。

A：我累了。	B：你休息休息吧。
A：我的汉语不好。	B：我帮你学汉语吧。
A：我们几点走？	B：我们十点走吧。
A：明天我们做什么？	B：我们画画儿吧。
A：我们在哪儿吃午饭？	B：我们在前边吃午饭吧。
A：我们吃什么？	B：我们吃饺子吧。
A：我们喝什么？	B：我们喝可乐吧。
A：我们去哪儿玩？	B：我们去运动场玩吧。

活动步骤：

（1）让学生在B组中找出一个句子可以作为A组第一个句子的建议，组成一个对话。比如第一个句子是“我累了”，学生要在B组中选“你休息休息吧”。

（2）教师以上面的句子为例，说明语气助词“吧”的用法。

（3）把学生分成两组抢答。学生要根据A组句子所提供的语境，分别为A组剩下的各句分别在B组中找出相应的建议，组成一个对话。

（4）最先说对的学生为所在的组得一分，最后得分多的组获胜。

（5）还可让学生仿照B组分别为A组各句再说一个句尾是“吧”的表建议的句子。

◆ **活动 2**

活动目的：帮助学生巩固语气助词“吧”的用法。

做 《活动手册》第 67 页“找朋友”。

2. 动词重叠

◆ **活动 3**

活动目的：通过情境设置导入语言点，并帮助学生理解、掌握动词重叠的用法。

活动准备：准备一段中国音乐。

活动步骤：

（1）问学生累不累，然后再问“你们想休息休息吗？”“你们想听听中国音乐吗？”。

（2）教师放半分钟或一分钟音乐，然后停止，告诉学生要继续上课。学生可能会问能不能再听一会儿，或者教师问学生为什么老师说“休息休息”“听听音乐”？

（3）说明动词重叠的用法，并以前面的例子来具体说明：因为学生们在上课，休息、听音乐的时间不能长，所以老师说“休息休息”“听听音乐”。教师还要说明单音节动词和双音节动词不同的重叠形式。

（4）说一些可重叠的动词，学生要说出重叠形式。如“坐、走、爬、看、听、读、写、说、帮、玩、休息、学习”。

（5）说用动词重叠的句子，给学生做示范，引导学生练习用动词重叠的形式来表达。教师可这样说“老师晚上喜欢在家看看书、看看电视、听听音乐”，然后问一个学生“你晚上喜欢做什么？”，学生要用动词重叠形式回答。

（6）教师可让学生按座位顺序，这样做一问一答练习，直到每个学生都做过练习。

◆ 活动 4

活动目的：帮助学生巩固动词重叠的用法。

做《活动手册》第 68 页“看图选词”。

3. 时量补语

◆ 活动 5

活动目的：通过情境问答导入带时量补语的句子（经常性或将要发生的动作，动词不带宾语）的肯定式与疑问式（动词 + 时量补语、动词 + 多长时间），并通过问答练习帮助学生熟悉上述表达方式。

活动准备：准备一些写有时段的卡片，每张卡片上写两个时点，不同卡片的时段可以相同。例如“12∶00—12∶20”“12∶10—12∶30”“12∶15—12∶45”“1∶00—1∶30”。卡片数要与学生人数相同。

活动步骤：

（1）问一个学生几点到几点吃午饭，并在黑板上记下这两个时点，然后边指着这两个时点边问这个学生“你吃多少分钟？”，学生回答后，教师再可问“你吃多长时间？”。

（2）说明时量补语的用法及动词不带宾语的肯定句式与疑问句式的格式，并说明“多”加形容词可用来提问，如“多长时间”是用来询问时间段的。

（3）与一个学生做示范表演。教师抽一张时段卡片，如“12∶00—12∶20”，问学生“你休息多长时间？”，学生要根据卡片上的信息回答，如“我休息二十分钟”。

（4）让学生在教室前面围站一圈，然后每个学生抽一张时段卡片，依照前面师生所做的示范，做一问一答练习。第一个学生问第二个学生“你休息多长时间？”，并向其展示手中的卡片，第二个学生根据卡片上的信息回答“我休息……分钟”，回答后再问下一个学生。学生依此做练习，直到每个学生都练习一遍。

（5）在活动中教师给全班学生一个任务：找出谁跟自己休息的时间一样长。

（6）学生做完问答练习后，教师让休息时间一样长的学生站成一队，并用“我们休息……分钟”来表达。站对的一组，教师可给予小奖励。

◆ 活动 6

活动目的：通过情境设置帮助学生掌握带时量补语的句子（已经完成的动作，动词不带宾语）的肯定式与疑问式（动词（+了）+时量补语、动词（+了）+多长时间），并通过交际性练习巩固所学句式。

活动步骤：

（1）问一个学生“你昨天看电视了吗？”，如果学生回答看了，教师再问“你看了多长时间？”

（2）教师说明如果动作已完成，要在动词后加“了”。

（3）问学生“你们昨天写作业了吗？”，如果学生回答“写了”，教师可问坐在第一排的第一个学生“你写了多长时间？”。

（4）让学生按座位顺序这样做一问一答练习。前一个学生问，后一个学生回答，直到每个学生都做过问答练习。

（5）在活动中教师给全班学生一个任务：找出谁写的时间最长、谁写的时间最短。

（6）学生做完问答练习后，要用时量补语回答教师所布置的任务。比如“……写了……分钟”。

（7）可给予最先说对的学生小奖励。

◆ 活动 7

活动目的：通过动作演示导入带时量补语的句子带宾语的表达（动词（+了）+时量补语（+的）+宾语），并通过根据信息提示所做的问答练习帮助学生掌握这一句式。

活动准备：

（1）准备第一组卡片——动宾卡：每张卡片上写一个动词和一个宾语，如“学汉语”“爬山”“吃午饭”“看书”“看电视”“画画儿”“打电话”“听音乐”“写作业”。

（2）准备第二组卡片——时段卡：每张卡片上写两个时点，如“9:30—10:20”“12:00—12:30”。

活动步骤：

（1）教师叫一个学生在黑板上按要求画画儿。教师先让学生画一事物，如一只猫，然后在旁边写下开始和画完的时间。教师再让这个学生画一只狗，并在旁边写下开始和画完的时间。

（2）教师问全班学生“……（学生名字）画了多长时间的猫？”，然后再问“……画了多长时间狗？”

（3）教师以上面两个问句为例说明带时量补语的句子带宾语的表达句式（动词（+了）+时量补语（+的）+宾语）。

（4）教师与一个学生做示范表演。教师举起动宾卡中的一张，如“画 画儿”，问一个学生“你昨天画了多长时间的画儿？”，然后举起时段卡中的一张，如“2：45pm.—3：30pm.”，学生根据卡片信息回答“我画了四十五分钟的画儿”。

（5）教师把学生分成两组，每次在各组中各叫一名学生到教室前面依照前面师生所做的示范做问答练习。分组做练习的方法可参照附录“课堂活动中学生的分组方法”。教师可让一组学生抽动宾卡，并提问；二组学生抽时段卡，并根据卡片上的信息回答。然后两个学生交换角色，二组学生提问，一组学生回答。

◆ **活动 8**

活动目的：通过情境设置和问答练习帮助学生理解并掌握带时量补语的句子句尾有助词“了”（动词（+了）+时量补语（+的）+宾语+了）的用法，并练习时段的多种表达。

活动准备：

（1）准备第一组卡片——时段卡：卡片上写年、月、日、星期等信息。每张卡片中的第一个时间为过去的时间，第二个时间为今天的时间，比如今天是 2013 年 9 月 23 日，星期一，可写“2011 年—2013 年”“July—September”“September 9th, Monday—September 23th, Monday”“September 21th—September 23th”。

（2）准备第二组卡片——课程与时段卡：卡片上半部分是“学 课程名称”，如“学 汉语”“学 英语”“学 数学”；下半部分是“……年 / 月 / 日—年 / 月 / 日（Now）”。“Now”假设为说话时的时间，“日—日（Now）”两个日期可相隔为一个星期、两个星期或三个星期，以引导学生用星期来表达。例如“2012 年—Now”“January—March（Now）”“September 2th—September 16th（Now）”。卡片数要与学生人数相同。教师把卡片写好后，对折，字不要露出来。

活动步骤：

（1）问学生今天几点上汉语课、几点下课、现在几点，并把上课与下课时间、现在的时间分别写在黑板上，比如九点、九点四十分、九点二十分，然后问“今天你们学习了多长时间汉语了？”，学生如果回答得不正确，教师给出正确的表达，“今天我们学习了二十分钟汉语了”。

（2）通过黑板上的三个时点教师说明：带时量补语的句子句尾如果有助词“了”，表示这个动作仍在继续进行。比如，今天我们九点上课，九点四十分下课，现在九点二十分，所以今天我们学习了二十分钟汉语了。

（3）教师出示第一组卡片，学生练习用时段来表达，要注意“年、天”前不用量词“个”。

（4）抽取第二组卡片中的一张，根据卡片上的信息与一个学生做示范表演。例如，卡片上半部分是“学 汉语”，下半部分是“September 2th—September 16th（Now）”，教师边把卡片展示给学生边问“你学了多长时间汉语了？”，学生根据卡片下部信息回答“我学了两个星期汉语了”。

（5）把学生分成两组，每次各组各叫一名学生到教室前面依照前面师生所做的示范做问答练习。分组练习的方法可参照附录“课堂活动中学生的分组方法”。教师可先让一组学生抽卡片、提问，同时把卡片展示给二组学生，二组学生回答，然后两个学生交换角色。

◆ 活动 9

活动目的：帮助学生巩固时量补语的用法。

做《活动手册》第 69 页“看图完成对话”。

◆ 活动 10

活动目的：通过交际性练习帮助学生学会灵活运用时量补语。

做《活动手册》第 71 页“回答下列问题”。

（三）《活动手册》说明

1. 练习目的及方法

“连一连”（第 66 页）：练习的目的是检查学生对本课所学课程名称的生词的掌握情况。

“唱一唱”（第 66 页）：歌曲《早操歌》的歌词中有很多本课所学语言点动词重叠的形式，如“伸伸胳膊”“踢踢腿”，通过唱歌这一轻松的形式可以帮助学生进一步巩固这一语言点。学生学唱几遍歌后，教师可以带着学生跟着录音边唱边“跳”（根据歌词做相应的动作），特别要注意左三圈、右三圈的方向，然后让学生一起边唱边“跳”。然后教师可以把学生分为两组，一组唱歌，一组“伴舞”（根据歌词做相应的动作）。“伴舞”组站在唱歌组前面。唱歌组要边唱边检查“伴舞”组有没有做错动作的，然后两组换角色。做错动作人数少的组获胜。

“找朋友”（第 67 页）：本课语言点语气助词“吧”的用法的练习。

“看图选词”（第 68 页）：本课语言点动词重叠用法的练习。要求学生根据所提供的文字和插图信息选用所给的词语，并用动词重叠的形式来完成句子。

“看图完成对话”（第 69 页）：本课语言点副词“多”和时量补语用法的练习。

“听听判断”（第 70 页）：本课课文的综合练习。

“分角色表演”（第 70 页）：本课功能（询问学校生活）的交际性练习。

“回答下列问题”（第 71 页）：本课语言点时量补语的交际性综合练习。

2. 练习参考答案

“唱一唱”（第 66 页）：

《早操歌》歌词对应的英文是：

The Song of Doing Morning Exercises

Good morning! Let’s do morning exercises with our teacher.

Turn left three times, and turn right three times. Turn the neck, and twist the waist.

Go to sleep early, and get up early. Let’s do morning exercises.

Stretch the arms, kick the legs, and let’s jump.

Sing and dance with our teacher, and we will keep fit.

Come on! Come on!

Let’s do morning exercises together.

“找朋友”（第 67 页）：

（1）我们几点走？——我们现在走吧。

（2）我们在哪儿吃饭？——我们在那儿吃饭吧。

（3）我们吃什么？——我们吃面包吧。

（4）我们喝什么？——我们喝果汁吧。

（5）我们去哪儿玩？——我们去运动场玩儿吧。

（6）星期六我们做什么？——我们去爬山吧。

（7）我累了。——你休息休息吧。

“看图选词”（第 68 页）：

（1）我累了，想休息休息。

（2）今天天气很好，我们去外面走走吧。

（3）我可以看看你的书吗？

（4）你可以帮帮我吗？

"看图完成对话"（第69页）：

（1）他每天吃二十分钟午饭。

（2）她每天打四十分钟电话。

（3）他画了四十五分钟画儿了。

（4）她看了三十五分钟书了。

（5）她看了二十五分钟的电视。

（6）他学两年汉语了。

"听听判断"（第70页）：

（1）F　（2）F　（3）F　（4）F　（5）F　（6）F　（7）F　（8）F

听力材料：

（1）今天 Tom 和妈妈去商店。

（2）Tom 累了，想坐坐。

（3）午饭他们吃面包、喝果汁了。

（4）Tom 上五年级，莉莉上四年级。

（5）Tom 不喜欢上汉语课，他觉得汉语课没有意思。

（6）Tom 觉得汉语很难。

（7）Tom 学了十一年汉语了。

（8）Tom 帮莉莉学汉语。

"分角色表演"（第70页）：

对话中要包括如下问题：

（1）你叫什么名字？

（2）你上几年级？

（3）你喜欢上什么课？

（4）你觉得……难吗？

（5）你学了多长时间……了？

五 教学小贴士

中国中、小学生的课程

在中国，中、小学生的课程很丰富。语文、数学和英语是学生们的主课。此外，小学生还有品德、音乐、美术、体育等课程；中学生还有历史、地理、物理、化学、生物、政治、信息技术等课程。这些课程一般都是必修课，但课时比主课少些。另外，一般高中生每星期还有一些选修课。

在中、小学因为一个班学生们的课基本上都是相同的，所以学生们有固定的教室，除音乐课、体育课，或需做实验、使用电脑的课外，一般都不用换教室。

六 一课一测 Assessment

（一）根据听到的内容选出答案。 Listen to the recording and choose the right answer for each dialogue.

1. A 四年级　B 三年级　C 二年级
2. A 听和说难，读和写也难　B 听和说不难，读和写难　C 听和说难，读和写不难
3. A 两年　B 两个星期　C 二星期
4. A 包子　B 面条　C 面包

（二）选择一个正确答案完成对话。 Choose the right answer to complete each dialogue below.

1. 男：你怎么了？
   女：我累了，我们（　）吧。
   A 走走　B 学习学习　C 休息休息
2. 男：中午我们喝什么？
   女：我们喝（　）吧。
   A 面包　B 果汁　C 苹果
3. 女：你喜欢上汉语课吗？
   男：喜欢，汉语课（　）。
   A 很意思　B 没有意思　C 很有意思
4. 男：你帮我学汉语吧。
   女：（　）。
   A 没关系　B 没问题　C 谢谢

（三）根据情境对话。 Make a dialogue according to the situation below.

You meet a student in a Chinese Club, and you want to get to know each other, so you ask each other what your name is, what grade you are in. Then you talk about your Chinese study. You ask each other if you like Chinese class and why, if you think Chinese is difficult to study, and how long you have been studying Chinese.

"一课一测"参考答案

（一）根据听到的内容选出答案。

1.C　2.C　3.B　4.C

听力材料：

1. 女：你上几年级？
   男：我上二年级。
   问：他上几年级？
2. 女：你觉得汉语难吗？
   男：听和说难，读和写不难。
   问：他觉得汉语难吗？
3. 女：你学习多长时间汉语了？
   男：我学了两个星期汉语了。
   问：他学了多长时间汉语了？
4. 男：晚上我们吃什么？
   女：吃面包吧。
   问：晚上他们吃什么？

（二）选择一个正确答案完成对话。

1.C　2.B　3.C　4.B

（三）根据情境对话。

对话中要包括如下问题：

1. 你叫什么名字？
2. 你上几年级？
3. 你喜欢上汉语课吗？
4. 你觉得汉语难吗？
5. 你学习多长时间汉语了？

第三课　欢迎来中国

一 教学目标

（一）话题

欢迎与问候

（二）功能

表达欢迎、问候及评价某事物

（二）语法

1. “要……了”
2. 转折连词“但是”
3. 指示代词“每”
4. 范围副词“都”
5. 人称代词“您”
6. 量词“些”
7. 频率副词“再”

（四）生词

1. 课文生词：

飞机、到、开、快、（一）点儿、欢迎、爷爷、奶奶、去年、高（1）、但是、事情、忙、每、都、快乐、孩子（4）、想、您、些、菜、饱、再、洗澡、早（2）、晚安（外）、月亮

补充词汇（练习）：

上课（外）、下课（外）

2. 按词性分类词汇表：

动词：开、欢迎、想、洗澡

名词：飞机、爷爷、奶奶、去年、事情、菜、月亮

形容词：快、高、忙、快乐、饱

代词：每、您

副词：都、再

连词：但是

量词：些

（五）汉字

中、国

二 教学步骤

（一）导入

1. 导入方法：

问学生如果他们的爷爷、奶奶或者亲戚、朋友来看他们，他们会怎么欢迎？由此引出本课话题与学习内容。

2. 本课学习任务：

学会教学目标中所列的功能项目。

3. 课文故事简介：

本课讲述的是 Tom 的爷爷、奶奶来中国，Tom 一家是如何欢迎爷爷、奶奶的到来的。你知道 **Tom 的妈妈在北京给爷爷、奶奶准备的第一顿晚餐是什么菜**吗？**爷爷、奶奶觉得怎么样**？

（二）生词

1. 读生词：步骤略。

2. 熟悉与记忆生词：参见“四、教学活动”的“（一）词汇”部分 1。

3. 讲练生词：参见“三、教学重点和难点”的“（一）重点讲练词汇”。

4. 巩固生词：做《活动手册》第 72 页“看看贴贴”。

（三）课文

1. 朗读课文：步骤略。

2. 帮助学生初步了解课文故事：教师提问课文故事简介中的问题（粗体字），学

生回答。

3. 讲练“要……了”，做教学活动语法部分活动 1、2（《活动手册》第 73 页“完成句子”）。

4. 讲练转折连词“但是”，做教学活动语法部分活动 3、4（《活动手册》第 74 页“用‘但是’造句子”）。

5. 讲练指示代词“每”，做教学活动语法部分活动 5、6。

6. 讲练范围副词“都”，做教学活动语法部分活动 7、8、9（《活动手册》第 75 页“找共同点”），10、11（《活动手册》第 73 页“回答问题”）。

7. 讲练量词“些”，做教学活动语法部分活动 12、13。

8. 讲解人称代词“您”，综合练习“您”“些”，做教学活动语法部分活动 14（《活动手册》第 76 页“完成句子”）。

9. 讲练频度副词“再”，做教学活动语法部分活动 15、16、17（《活动手册》第 77 页“完成句子”）。

10. 检查对课文的理解，复习本课词汇、语言点及功能，做《活动手册》第 78 页“看图完成对话”。

（四）交际与运用

做《活动手册》第 75 页“分角色表演”。

（五）相关文化知识介绍

参见“五、教学小贴士”。

（六）学汉字：“中、国”

做《活动手册》第 79 页“写汉字”。

（七）学古诗《静夜思》

做《活动手册》第 74 页“静夜思”。

三 教学重点和难点

（一）重点讲练词汇

1. 到

例句：

（1）飞机几点到北京？——飞机两点到北京。

（2）你几点到学校？——我七点五十到学校。

2. 开

扩展：开车

例句：

你会开车吗？——我不会开车，爸爸会开。

3. 一点儿

“一点儿”表示数量少，也常常省略为“点儿”。

例句：

（1）我想喝一点儿果汁。

（2）我想吃点儿面包。

（3）开快点儿。

4. 欢迎

例句：

（1）欢迎！欢迎！

（2）欢迎你来中国。

（3）欢迎你来我家玩。

5. 高
例句：

（1）哥哥很高，但是我不高。
（2）我比去年高了。

6. 想
例句：

（1）我想爷爷和奶奶。
（2）我想家。

7. 菜
扩展：中国菜、日本菜、这个菜、那个菜
例句：

（1）你觉得中国菜怎么样？——中国菜很好吃。
（2）你喜欢吃这个菜吗？——我不喜欢吃这个菜，我喜欢吃那个菜。

8. 洗澡
洗：洗手、洗头发

（二）语法

1. “要……了”
“要……了”表示动作或变化很快就要发生。例如：

（1）飞机要到了。
（2）我们要上课了。
（3）爷爷、奶奶要来北京了。

2. 转折连词“但是”
“但是”是表示转折的连词，放在转折分句的最前边。例如：

（1）今天我很忙，但是不觉得累。
（2）汉语很难，但是很有意思。
（3）我不会开车，但是爸爸会。

3. 指示代词：每

“每”指的是全体中任何一个个体，不能单独用，一般也不能直接与名词连用，需在名词前用量词，如“每个学生”“每个老师”。

“每”与表示时间的名词“年”“天”“分钟”等可以连用，中间不用量词，因为这些名词也是表示时间的量词，如“每年”“每天”“每分钟”等。

“每”与“月”“星期”“小时”和“人”等一起用时，中间可以用也可以不用量词“个”，如“每个月（每月）”“每个星期（每星期）”“每个小时（每小时）”“每个人（每人）”等。在本课教师根据情况可只让学生掌握用量词“个”这种形式。

“每”在句子中常常与表示范围的副词“都”连用，如“我们每天都很快乐”“我每天都学习汉语”。

例句：

（1）你每天几点上课？——我每天八点上课。
（2）我每个星期都去爬山。
（3）我们学校每个学生都会说英语。

4. 范围副词“都”

“都”是表示范围和总括的副词，用来说明它前面提到的人或事物没有例外地发生共同的行为动作或具有共同的性状。例如：

（1）我们都很累。
（2）这些书都很有意思。
（3）我们都学习汉语。

“都”所总括的一般是它前边出现的人或事物，在句中应放在它所总括的词语后，如“我们都是学生”，而不能说“都我们是学生”。

当要说明一些人或物和前边的某个或某些人或物有共同性质时，就要用“也都”。注意：“也都”放在主语和谓语之间，“也”要放在“都”前边。如：

你是学生，我们也都是学生。

他们很忙，我们也都很忙。

“都”有两种否定的形式。当否定某范围内的全部对象时，“不”放在“都”的后面；当只否定某个范围内的一部分对象时，“不”放在“都”的前边。如：

我们都不是老师。（没有一个是老师）

我们不都是老师。（其中有老师，也有不是老师的人）

在本课“都”的否定形式只作为一般性了解。

5. 人称代词“您”

“您”是“你”的敬称。对于年长的人，或在正式场合为表示尊重而称呼对方“您”。

6. 量词“些”

“些”是表示不定的数量的量词，常常和“这”“那”“哪”和数词“一”连用，修饰名词。例如：“这些书”“那些老师”“哪些学生”“一些人”。“一些”在宾语前作定语时可以省略“一”。例如：“我想买些书”。

例句：

（1）这些书是你的吗？——这些书不是我的，那些书是我的。

（2）你想买什么？——我想买（一）些水果。

7. 频率副词“再”

“再”是表示动作或情况的重复或继续的副词，用于尚未发生的情况。例如：

（1）我想再吃一点儿米饭。

（2）我想再买一个面包。

（3）我想再睡十分钟。

四 教学活动

（一）词汇

1. 熟悉与记忆生词

本课词语的练习方法教师可参考附录《课堂活动方法》“词语的练习方法”中“图片 / 卡片法”。

2. 讲练生词

参见“三、教学重点与难点”的“（一）重点讲练词汇”。

3. 巩固生词

做《活动手册》第 72 页“看看贴贴”。

（二）语法

1. “要……了”

◆ **活动 1**

活动目的：通过情境设置帮助学生理解并掌握“要……了”的用法。

活动准备：

教师准备一些卡片，每组两张。

每组第一张为时间卡，并排写两个间隔很近的时间，如“7：55 8：00”“January 20th January 22nd”。

第二张为信息卡，写一个句子主语、谓语、宾语等主要信息，如“我们 上课（下课）”“我们 吃午饭”“奶奶 睡觉”“飞机 到北京”“爷爷、奶奶 来北京”“我们 去中国”。

活动步骤：

（1）举起一组含有时点的卡片，如“7：55 8：00”“我们 上课”，手指着时间卡的第一个时点，问一个学生“现在几点？”，学生回答“现在七点五十五”。教师再举起信息片，问“我们几点上课？”，然后另一只手指着时间卡的第二个时点，学生回答“我们八点上课”。教师问全班学生“我们要上课了吗？”，学生可能不懂是什么意思，教师把正确的表达“我们要上课了”写在黑板上，先不解释。

（2）以同样的方法，教师再举起一组含有日期的卡片，如“January 20th January 22nd”“爷爷、奶奶 来北京”，手指着时间卡第一个日期，问一个学生“今天几号？”，学生回答“今天一月二十号”。教师再举起信息片，问“爷爷、奶奶几号来北京？”，然后另一只手指着时间卡的第二个日期，学生回答“爷爷、奶奶二十二号来北京”。教师问全班学生“爷爷、奶奶要来北京了吗？”，学生可能还不懂是什么意思，教师把正确的表达“爷爷、奶奶要来北京了”写在黑板上。

（3）以上面两个例子说明“要……了”表示动作或变化很快就要发生。

（4）把学生分成两人一组（分组方法可参照附录“课堂活动中学生的分组方法”）。每组两个学生分别到教室前面仿照步骤 1 和 2 做问答练习。假设两个学生为 A 和 B。A 抽一组卡片，然后举其中的信息卡，B 举时间卡。A 根据信息卡内容提问，B 根据时间卡内容回答，然后 A 用“要……了”说一个陈述句。如信息卡为“飞机 到北京”，A 说“飞机要到北京了”。两个学生再交换角色，重新抽卡片，做问答练习。

◆ **活动 2**

活动目的：帮助学生巩固“要……了”的用法。

做《活动手册》第 73 页“完成句子”。

2. 但是

◆ **活动 3**

活动目的：通过句式变换帮助学生掌握“但是”的用法。

活动准备：

（1）教师可把下面每组句子用 PowerPoint 制作成幻灯片的形式，每组都是先显示破折号左边的句子，然后再显示破折号右边的句子。教师也可把每组破折号左、右两边的句子分别写在一张纸上。

今天我很忙。今天我不觉得累。——今天我很忙，但是不觉得累。

汉语很难。汉语很有意思。——汉语很难，但是很有意思。

我喜欢吃面条。今天我不想吃。——我喜欢吃面条，但是今天不想吃。

我喜欢喝果汁。现在我不想喝。——我喜欢喝果汁，但是现在不想喝。

（2）教师仿照上面破折号左边的句子，在纸上写一些句子，每组的两个句子要分别写在一张纸条上，然后打乱纸条顺序，折好，字不要露出来。句子参考如下：

今天我很忙。今天我不觉得累。

我不会开车。哥哥会开车。

我喜欢吃米饭（面包 / 蛋糕 / 苹果 / 香蕉）。今天我不想吃。

我喜欢喝果汁（茶 / 牛奶 / 可乐）。现在我不想喝。

我喜欢看电视（看书 / 画画儿）。今天我不想看（画）。

我想学画画儿。我没有时间。

汉语很难。汉语很有意思。

汉语很难。我喜欢学汉语。

活动步骤：

（1）教师出示制作成幻灯片的一组句子的左列，如“今天我很忙。今天我不觉得累。”然后问学生用一句话怎么说？学生可能不知道怎么回答，教师出示这组句子的右列“今天我很忙，但是不觉得累”。

（2）教师说明“但是”的用法。

（3）教师分别出示制作成幻灯片的各组句子，先显示左列，引导学生用“但是”连成一个句子，然后显示右列的正确答案，并领着学生说一遍。

（4）教师拿出写有句子的纸条，让每个学生分别抽一张。

（5）教师可让学生按座位顺序，分别读出所抽到的纸条上的句子。当一个学生读完时，其他学生抽到的纸条如果能与这个学生读的句子组成用“但是”的句子，那个学生就站起来，读出他所抽到的句子。然后这两个学生再按正确的语序，分别说出用“但是”句的两个分句。比如一个学生的句子是“今天我不觉得累”，另一学生的句子是“今天我很忙”，两个学生则分别说“今天我很忙”“但是我不觉得累”。教师与全班学生一起判断是否正确，如果正确，两个学生就把纸条交还给教师，然后活动继续进行，直到所有的纸条都交还给教师。

◆ 活动 4

活动目的：帮助学生巩固“但是”的用法。

做《活动手册》第 74 页“用‘但是’连句子”。

3. 每

◆ 活动 5

活动目的：通过情境设置导入语气代词“每”，并帮助学生掌握“每（+ 量词）+ 名词”的形式。

活动步骤：

（1）教师问一个学生如下三个问题：“你昨天吃午饭了吗？”“你今天 / 明天吃午饭吗？”，如果学生的回答都是肯定的，最后教师问“你每天吃午饭吗？”。

（2）教师再问一个学生“今天星期几？”，比如“今天星期三”，教师再问“今天你有汉语课？”，学生回答后教师再问“你每个星期三有汉语课吗？”。

（3）教师说明“每”的用法，一般需用“每 + 量词 + 名词”的形式，但与“年”“天”“分钟”等可以连用，用“每年”“每天”“每分钟”的形式。

（4）教师把学生分成两组抢答。教师说一个名词，学生要快速说出“每（+ 量词）+ 名词”的形式，说对的组得分，得分多的组获胜。名词参考如下：

天、年、星期、月、人、学生、老师、苹果、面包注意：有的名词与“每”直接连用。

答案：每天、每年、每（个）星期、每（个）月、每（个）人、每个学生、每个老师、每个苹果、每个面包

◆ 活动 6

活动目的：通过问答练习帮助学生熟练掌握“每”的用法。

活动准备：教师准备一些卡片，每张卡片上写一个动词或动宾短语，动作行为需是可以每天做的，如“上课”“下课”“睡觉”“吃 午饭”“到 学校”。

活动步骤：

（1）教师抽一张卡片，如“到 学校”，展示给全班学生，然后问一个学生“你每天几点到学校？”，如学生回答“我每天七点半到学校”。

（2）教师可让学生按座位顺序，仿照前面师生的对话做问答练习。第一个学生抽卡片，根据卡片信息用“你每天几点……？”问第二个学生，第二个学生回答，然后第二个学生再抽卡片，问第三个学生，依此类推，直到每个学生都做完问答练习。

4. 都

◆ 活动 7

活动目的：通过情境问答导入副词“都”，帮助学生理解并掌握“都”的用法。

活动步骤：

（1）教师分别问坐在同一排或同一列的三个学生“你是学生吗？”，第三个学生回答后，教师继续问第三个学生“你们都是学生吗？”，同时做手势示意“你们”指的是所问过的这三个学生。

（2）教师说明“都”的用法及在句中的位置，要放在主语后、动词或形容词前，然后教师再问一遍全班学生“你们都是学生吗？”。

（3）方法同步骤 1，教师可问学生如下各组问题，引导学生练习用“都”来表达。

你是美国人吗？　　你们都是美国人吗？

你学习汉语（英语 / 数学）吗？　　你们都学习汉语（英语 / 数学）吗？

你会说英语（汉语）吗？　　你们都会说英语（汉语）吗？

◆ 活动 8

活动目的：通过情境问答帮助学生掌握“也都”连用的用法。

活动步骤：

（1）教师把学生分为左、右两组，然后问左边组的一个学生“你们都是学生吗？”，同时手指向这个学生所坐的左边组的学生，然后手指向右边组的学生再问“他们也都是学生吗？”。

（2）教师说明“也”要放在“都”的前面，并领着学生说一遍“我们都是学生，

他们也都是学生”。

（3）同步骤1，教师可再问学生一些问题，引导学生用“也都”来回答。比如“你们都学习汉语，他们也都学习汉语吗？”“你们都会说英语，他们也都会说英语吗？”。

◆ 活动9

活动目的：帮助学生巩固“都”及“也都”连用的用法。

做《活动手册》第75页“找共同点”。

活动步骤：

（1）把学生分为两人一组，并给每个组编上号，如“1”“2”“3”。同一组的学生一起做《活动手册》，填表，写出两个人的共同点，然后练习用“我们都……”来表达。

（2）从练习中表的第一项开始，分别由每个组的第一个学生用“我们都……”说出他们组的共同点，如“我们都会说英语和汉语”，其他学生要边听边做记录，如果某项内容与自己组相同，就在该项内容下面记下这个组的编号。

（3）各组都说完后，由每个组的第二个学生用“我们都……，……也都……”说出其他组与自己组的共同点。例如“我们都会说英语和汉语，贝贝和心爱也都会说英语和汉语”。

（4）所有组都说完后，学生们共同找出全班学生的共同点，并用“我们都……”来表达。

（5）以同样的方法，学生再依次做表中的其他项。注意：第一项是每组的第一个学生用“都”表达，第二个学生用“也都”表达；第二项每组两个学生交换角色，第二个学生用“都”表达，第一个学生用“也都”表达。其他项依此类推。

◆ 活动10

活动目的：通过情境问答帮助学生掌握“每”和“都”连用的用法。

活动准备：教师在黑板上写几个未完成的句子，需要学生来完成，句子参考如下：

我每天都

我每个星期都

我每年都

我们学校每个学生都

活动步骤：

（1）教师问一个学生“你昨天看电视了吗？”“你今天看电视吗？”，如果两个回答都是肯定的，教师继续问“你每天都看电视吗？”。

（2）教师说明“每”和“都”连用的用法。

（3）教师可再问学生如下问题（如果每组第一个问题学生的回答是肯定的，教师继续问第二个问题）：

你今天吃午饭吗？你每天都吃午饭吗？

你今天喝牛奶吗？你每天都喝牛奶吗？

你今天有汉语课吗？你每天都有汉语课吗？

你今天写作业吗？你每天都写作业吗？

（4）教师把学生分成两组。两组学生抢答，把黑板上未完成的句子分别补充成完整的句子。每个未完成的句子学生要尽可能说出多种答案，但不得重复前面学生已说过的句子。学生说对一个句子则为其所在的组得一分，最后得分多的组获胜。

（5）如果学生想不出来，教师可以提问的方式提示学生。例如“你每天都有英语课吗？”，参考答案如下（括号内为学生所要补充的）：

我每天都（很忙 / 很快乐 / 有汉语课 / 看书 / 画画儿 / 吃面包 / 喝果汁）。

我每个星期都（有汉语课 / 去图书馆 / 爬山）。

我每年都（有英语课 / 去爬山 / 去看爷爷、奶奶）。

我们学校每个学生都（会说英语 / 学习数学 / 是美国人）。

◆ **活动 11**

活动目的：帮助学生巩固语言点“每”和“都”连用的用法。

做 《活动手册》第 73 页“回答问题”。

5. 些

◆ **活动 12**

活动目的：通过图片演示导入并帮助学生掌握“些”的用法。

活动准备：

准备 A、B 两组图片。

A 组图片：一张苹果图片（图中有一个苹果）。

B 组图片：每张图片中均是几个同一类事物，如几个苹果（香蕉 / 面包）、几块蛋糕、几支铅笔、几本书。

活动步骤：

（1）出示 A 组苹果图片，问学生“这是什么？”，学生说“一个苹果”。教师再出示 B 组苹果图片，比如图片上是三个苹果，问学生说“这是一个苹果吗？”，学生可能回答“这是三个苹果”。教师告诉学生可以这样说“这是一些苹果”。

（2）说明“些”的用法。

（3）分别出示 B 组其他图片，问学生“这是什么？”，引导学生练习用“这是一些……”来表达。

（4）请一个学生扮演卖东西的，教师则扮演顾客。学生先提问，如“您想买什么？”，教师举起B组苹果图片回答“我想买些苹果”。

（5）说明“一些”在宾语前可以省略为“些”。

（6）让学生报数，报单、双数的学生到教室前面分别站成一队，为一组和二组，然后两队学生面对面站着，每个学生与面对的另一组的学生为小组练习同伴。

（7）拿出B组图片，让二组学生各抽一张。然后教师让一组学生扮演卖东西的，二组学生扮演买东西的。两组学生仿照前面师生的对话，从队头开始，每一对学生进行快速的问答练习，二组学生要根据所拿的图片中的事物用“我想买些……”来回答，并同时把所拿的图片举起，展示给大家。

（8）每组中如有一个说错的，全组扣一分，最后得分多的组获胜。

（9）以同样方法，两组学生再交换角色，重新抽图片进行问答练习。

◆ 活动 13

活动目的：通过图片演示帮助学生理解并掌握“些”与“这”“那”连用的用法。

活动准备：

（1）把上个活动中B组图片各复印一张，复印图片为C组图片，在活动中要贴在黑板上。

（2）把A组苹果图片也复印一张，复印图片为苹果D，在活动中要贴在黑板上。

活动步骤：

（1）一只手拿着A组苹果图片说“这个苹果”，然后另一只手拿着B组苹果图片，让学生说出图中的事物。如果学生不知道怎么回答，教师给出正确的表达“这些苹果”。

（2）指着黑板上的苹果D图片说“那个苹果”，然后指着黑板上的C组苹果图片，让学生说出图中的事物，如果学生不知道怎么回答，教师给出正确的表达“那些苹果”。

（3）说明“些”与“这”“那”连用的用法。教师分别指着手里的B组苹果图片和黑板上的C组苹果图片领着学生说“这些苹果”“那些苹果”，帮助学生体会“这些”“那些”的用法。

（4）方法同上，教师分别指着B、C组的其他图片，引导学生用“这些……”“那些……”来表达。教师可把学生按座位分为左、右两组，进行抢答练习。

6. 您、些

◆ 活动 14

活动目的：综合练习语言点“您”与“些”。

做《活动手册》第76页“完成句子”。

7. 再

◆ 活动 15

活动目的：通过情境设置帮助学生理解并初步掌握本课副词“再”的用法。

活动准备：

（1）准备两个苹果（或香蕉 / 面包）。

（2）在黑板上写一些本课的生词。

（3）准备一首中国歌。

活动步骤：

（1）把两个苹果（或香蕉 / 面包）放到讲桌上，然后让一个学生到教室前面扮演卖东西的，教师扮演买东西的。教师说“我买一个苹果”，学生需给教师一个苹果，然后教师再说“我想再买一个”，学生需再给教师一个苹果。如果学生不明白是什么意思，教师可指着另一个苹果示意学生。

（2）说明本课副词“再”的用法。

（3）叫一个学生读黑板上的第一个生词，然后对这个学生说“请你再读一个”，学生要读第二个生词。以同样的方法，教师再叫其他学生读生词，教师还可以对学生说“请你再读两个”。

（4）播放一分钟一首中国歌，然后停止播放，问学生“你们喜欢吗？”，如学生回答“喜欢”，教师再问“你们想再听一分钟吗？”。

（5）领着学生说前面用“再”表达的句子，以帮助学生熟悉“再”的用法。“我想再买一个苹果”“请你再读一个”“请你再读两个”“我们想再听一分钟”。

◆ 活动 16

活动目的：通过图片帮助学生掌握本课副词“再”的用法。

活动准备：

（1）准备一组词语卡片，卡片数是学生人数的一半。每张词语卡片上写一种已学过的食品或饮料的名称，并在名称前写上数量，例如“1 香蕉”，如有的食品或饮料的量词没学过，就不写数量，学生要用“一点儿”来表达数量。同一种食品或饮料可以重复，但数量要不同。

（2）根据词语卡片上食品或饮料准备相应的图片，图片可利用前面活动的图片。图片上食品的数量要与词语卡片上的数量一致，例如：词语卡片上写有“1 苹果”，图片上也是一个苹果；卡片上写有“2 苹果”，图片上也是两个苹果。

食品与饮料参考如下：

不需加数量的：米饭、面条、蛋糕、果汁、水、茶、牛奶、可乐

需加数量的：苹果、香蕉、包子、面包

活动步骤：

（1）把学生分为 A、B 两组，可让 A 组学生每人抽一张词语卡片，B 组学生每人抽一张图片。

（2）抽词语卡片的 A 组学生根据卡片上的信息用“我想再吃 / 喝……”说一个句子，B 组学生中如有与句子中的食品或饮料一致的图片，就举起图片，并递给说句子的学生。例如词语卡片是“1 香蕉”，拿卡片的学生就说“我想再吃一个香蕉”，另一组学生中如有一个香蕉图片的就举起图片。A 组学生做练习的顺序可按座位顺序，也可教师随机点名（可参照附录《课堂活动方法》“叫学生回答问题的策略”中的“‘随机’抽名字”的方法）。

（3）如学生说句子说对了或图片举对了，就为其所在的组得一分，得分多的组获胜。

（4）以同样的方法，两组学生再交换角色做练习。

◆ 活动 17

活动目的：帮助学生巩固副词“再”的用法。

做《活动手册》第 77 页“完成句子”。

（三）《活动手册》说明

1. 练习目的及方法

“完成句子”（第 73 页）：本课语言点“要……了”用法的练习。

“回答问题”（第 73 页）：本课语言点代词“每”和副词“都”连用的用法的交际性练习。

“用‘但是’连句子”（第 74 页）：本课语言点连词“但是”用法的练习。

“读古诗”（第 74 页）：插图中诗人看夜空中月亮的情景与本课课文最后 Tom 的爷爷、奶奶看夜空中月亮的情景相呼应。本练习借月景把学生引入到学习这首传诵千古的关于月亮的名诗，以帮助学生了解中国文化。在读这首诗之前教师可向学生简要介绍一下儿这首诗的作者李白及这首诗。李白，中国唐朝人，有“诗仙”之称，是伟大的浪漫主义诗人。《静夜思》写的是诗人在寂静的月夜思念家乡的感受。

“找共同点”（第 75 页）：本课语言点副词“都”用法的交际性练习。训练的是学生的口语、听力技能。本题需要把学生分为两人一组，两个学生要分别以这样的句式说出带“都”和“也都”的句子“我们都会说英语和汉语”，“我们都会说英语和汉语，Tom 和 Linda 也都会说英语和汉语”。本题练习方法可详见“四、教学活动”

的“（二）语法”部分“活动9”。

“分角色表演”（第75页）：本课功能（表达欢迎、问候及评价某事物）的交际性练习。

“完成句子”（第76页）：本课语言点代词“您”和量词“些”的用法的练习。

“完成句子”（第77页）：本课语言点副词“再”的用法的练习。本题要求学生根据所提供的文字和插图信息仿照例句，并选用所给的词语来完成句子。

“看图完成对话”（第78页）：本课课文的综合练习。要求学生先看图完成对话，然后依照本课故事给题中的四段对话排序。本题四段对话的正确顺序是：2、3、1、4，分别代表本课故事先后发生的四个场景：机场、回家路上、回到家中、吃晚饭。学生排完序后，教师可让学生按场景的先后顺序分角色朗读并表演对话。

2. 练习参考答案

“看看贴贴”（第72页）：

飞机、月亮、奶奶、爷爷、快乐、开车、洗澡、饱、菜、高、忙

“完成句子”（第73页）：

（1）飞机要到了。

（2）我们要上课了。

（3）我们要下课了。

（4）我要睡觉了。

（5）爷爷、奶奶要来北京了。

（6）心爱要去日本了。

“用‘但是’连句子”（第74页）：

（1）汉语很难，但是很有意思。

（2）今天我很忙，但是不觉得累。

（3）我喜欢吃蛋糕，但是现在不想吃。

（4）我喜欢画画儿，但是今天不想画。

“找共同点”（第75页）：

每项中的两个句子分别由每组的两个学生表达。

（1）我们都会说……语。我们都会说……语，……也都会说……语。

（2）我们都喜欢上……课。我们都喜欢上……课，……也都喜欢上……课。

（3）我们都喜欢吃……。我们都喜欢吃……，……也都喜欢吃……。

（4）我们都喜欢喝……。我们都喜欢喝……，……也都喜欢喝……。

“分角色表演”（第75页）：

对话参考如下：

A：欢迎来我家。

B：你好！你在美国怎么样？

A：我很忙，但是每天都很快乐。

……

A：我们要吃午饭了。

B：好，谢谢！

A：这些中国菜怎么样？喜欢吗？

B：这些菜都很好吃。我很喜欢。

A：再吃一点儿吧。

B：不吃了，我饱了。

“完成句子”（第76页）：

（1）A：（您）想买什么？

B：我想买（些）苹果。

（2）A：（您）喜欢吃（这些）菜吗？

B：（这些）菜很好吃，我都喜欢。

（3）A：（这些）书是汉语书吗？

B：（这些）书不是汉语书，（那些）书是汉语书。

（4）A：我可以看看（这些）书包吗？

B：可以。

“完成句子”（第77页）：

（1）我想再吃一个包子。

（2）我想再喝一点儿果汁。

（3）我想再买一些铅笔。

（4）我想再玩五分钟。

“看图完成对话”（第78页）：

1. 奶奶：爷爷和我每天都很想你们。

姐姐：我们也想您和爷爷。

2. 爸爸：欢迎来中国！

3. 奶奶：你们在中国怎么样？

妈妈：事情很多，我们很忙，但是每天都很快乐，孩子们也都很快乐。

4. 妈妈：爸爸、妈妈再吃一点儿吧。

奶奶：不吃了，我饱了。

爷爷：我也饱了，但是我想再吃一点儿。

正确的顺序是：2、1、3、4

五 教学小贴士

1. 欢迎与告别

欢迎亲戚朋友或与之告别时，中国人与西方人有不同的习俗。中国人之间很少拥抱，并且家庭成员之间也很少说爱对方，而是通过目光或行动来表达相互之间的关爱。

2. 中国不同地区菜的特点与饮食习惯

中国地区广大，民族众多，各地的气候、物产和生活习惯都有所差异，所以人们的口味就有所不同。一般来说，南方人爱吃甜的，做菜少不了糖；北方人爱吃咸的，做菜时放盐多一些；山东、湖南、四川人爱吃辣的，菜里常放辣椒；山西人爱吃酸的，做菜时离不开醋。所以有“南甜、北咸、东辣、西酸”的说法。另外，南方人喜欢吃米，而北方人喜欢吃面食，如馒头、饺子、包子、面条等。

六 一课一测 Assessment

（一）根据听到的内容选出相应的图片。 Listen to the recording and choose the right picture for each dialogue.

A 

B 

C 

D 

1. □
2. □
3. □
4. □

（二）选择一个正确答案完成对话。 Choose the right answer to complete each dialogue below.

1. 男：他们也是学生吗？

   女：对，他们也（　）是学生。

   A 很　B 都　C 不

2. 女：你在中国怎么样？

男：我很忙，（　　）每天都很快乐。

A 和　B 也　C 但是

3. 女：你饱了吗？

男：我没饱，我想（　　）吃一个面包。

A 也　B 不　C 再

4. 男：您买什么？

女：我想买（　　）水果。

A 只　B 些　C 再

（三）根据情境说一说。　What would you say if you are in the following situations?

1.What would you say if you will start your class soon?

2.What would you say if your grandparents come to Beijing to visit you?

3.What would you say if you would like to know how your friend is living in China?

4.If you are invited to have dinner at your Chinese friend's home, what would you commend on the Chinese dishes they cooked?

"一课一测" 参考答案

（一）根据听到的内容选出相应的图片。

1.D　2.B　3.A　4.C

听力材料：

1. 女：你会开车吗？

男：我不会，但是我爸爸会。

2. 女：起床吧。

男：我想再睡五分钟。

3. 女：妹妹比哥哥高吗？

男：不，哥哥比妹妹高。

4. 女：您觉得这些菜怎么样？

男：这些菜很好吃，我很喜欢。

（二）选择一个正确答案完成对话。

1.B　2.C　3.C　4.B

“一课一测”参考答案

（三）根据情境说一说。

1. 我要上课了。

2. 欢迎来北京。

3. 你在中国怎么样？

4. 这些菜都很好吃，我很喜欢。

第四课　明天天气怎么样

一 教学目标

（一）话题

季节与天气

（二）功能

描述季节与天气特征、解释原因

（三）语法

1. 程度副词“太”
2. 频率副词“还”2
3. 疑问代词“为什么”
4. 连词“因为……所以……”
5. 程度副词“最”

（四）生词

1. 课文生词：

太、还、晴天（4）、下雪、刮风（4）、冬天（4）、夏天（4）、为什么、因为、穿、裙子、但是、常常（外）、下雨（内）、季节（外）、秋天（4）、最、春天（4）、暖和（4）、花、所以、雪人（内）、当然（4）、冰激凌（4）、西瓜

2. 按词性分类词汇表：

动词：穿

名词：雨、裙子、花、雪人、西瓜

代词：为什么

副词：太、还、最、当然

连词：但是、因为、所以

短语：下雪、刮风、下雨

（五）汉字

雨、雪、风

二 教学步骤

（一）导入

1. 导入方法：

教师问学生今天天气怎么样？现在是什么季节？这个季节的特点是什么？由此引出本课话题与学习内容。

2. 本课学习任务：

学会教学目标中所列的功能项目。

3. 课文故事简介：

本课讲述的是 Tom 和小伙伴们在堆雪人过程中谈天气，进而谈各自所喜欢的季节的故事。他们有的喜欢秋天，有的喜欢春天。**Tom 还喜欢夏天和冬天，你知道为什么吗？**

（二）生词

1. 读生词：步骤略。

2. 熟悉与记忆生词：参见“四、教学活动”的“（一）词汇”部分 1。

3. 讲练生词：参见“三、教学重点和难点”的“（一）重点讲练词汇”。

4. 巩固生词：做《活动手册》第 80 页“看看贴贴”。

（三）课文

1. 朗读课文：步骤略。

2. 帮助学生初步了解课文故事：教师提问课文故事简介中的问题（粗体字），学生回答。

3. 讲练程度副词“太”，做教学活动语法部分活动 1、2（《活动手册》第 81 页“看图完成句子”）。

4. 讲练频度副词“还”，做教学活动语法部分活动 3、4（《活动手册》第 82 页“看图完成句子”）。

5. 讲练疑问代词“为什么”，做教学活动语法部分活动 5。

6. 讲练连词“因为……所以……”，做教学活动语法部分活动 6、7（《活动手册》第 83 页“看图完成句子”）。

7. 讲练程度副词“最”，做教学活动语法部分活动 8—10、11（《活动手册》第 83 页“听听判断”）。

8. 检查对课文的理解及复习本课词汇和语言点，做《活动手册》第 84 页“根据课文回答问题”。

（四）交际与运用

1. 做《活动手册》第 84 页“看图谈天气”。

2. 作业：做《活动手册》第 82 页“小调查”，下一次课检查。

（五）相关文化知识介绍

参见“五、教学小贴士”。

（六）学汉字：“雨、雪、风”

做《活动手册》第 85 页“写汉字”。

（七）猜谜语

做《活动手册》第 84 页“猜一猜”。

三 教学重点和难点

（一）重点讲练词汇

1. 下、雪、雨

扩展：下雪、下雨、有雪、有雨

例句：

（1）明天下雪吗？——明天不下雪。

（2）今天有雨吗？——今天没有雨。

2. 当然

例句：

（1）你会说英语吗？——我是美国人，当然会说英语。

（2）我可以看看你的书吗？——当然可以。

（二）语法

1. “太”

“太”是程度副词，表示程度很高，常用于感叹，有时有“过分”的意思。常和语气助词“了”连用，如“太好了”“太大了”“太冷了”。例如：

（1）这些中国菜怎么样？——太好吃了。

（2）你怎么样？——我太累了。

（3）今天天气怎么样？——今天太冷了。

2. 频率副词“还”2

“还”除表示在提到的情况外另有所补充，还可以表示一种行为动作继续进行或一种状况继续存在。例如：

（1）昨天刮风了，今天还刮风。

（2）昨天我很累，今天我还累。

3. 疑问代词“为什么”

“为什么”是用来问原因或目的的疑问代词，在句中常做状语，也可放在句首或单独使用。例如：

（1）你为什么喜欢上汉语课？

（2）为什么你喜欢春天？

（3）我喜欢秋天。—— 为什么？

4. 连词“因为……所以……”

“因为”和“所以”是表示原因和结果的连词，可以搭配使用，也可以省去这两个连词中任何一个而单独使用。例如：

（1）因为昨天我很累，所以没去爬山。

（2）你为什么喜欢春天？——因为春天很漂亮。

（3）你为什么喜欢秋天？——秋天不冷也不热，所以我喜欢秋天。

5. 程度副词“最”

“最”是表示程度的副词，表示程度达到极点，超过同类事物，常用于三个以上事物的比较。“最”可以用在形容词、能愿动词、表示心理状态的动词（如“喜欢”）的前面，“最”在句中常做状语。例如：

（1）我们都会说汉语，但是贝贝的汉语最好。

（2）他是我最好的朋友。

（3）你最爱吃什么？——我最爱吃面条。

（4）你最喜欢什么季节？——我最喜欢春天。

四 教学活动

（一）词汇

1. 熟悉与记忆生词

本课词语的练习方法教师可参考附录《课堂活动方法》“词语的练习方法”中“图片/卡片法”。

2. 讲练生词

参见“三、教学重点与难点”的“（一）重点讲练词汇”。

3. 巩固生词

做《活动手册》第80页“看看贴贴”。

（二）语法

1. 太

◆ **活动 1**

活动目的：通过对比帮助学生理解并掌握“太”的用法，学会用“太……了”表达程度很高。

活动准备：

可画几张图或用 PowerPoint 制作成幻灯片的形式。每张图中的事物或人物要形成对比。图片参考如下：

第一张图：第一个苹果很大、第二个苹果很小、第三个苹果非常小

第二张图：第一双鞋很小、第二双鞋很大、第三双鞋非常大

第三张图：一个很矮的小孩子、一个很高的大人、一个非常高的篮球运动员

第四张图：第一条裤子很短、第二条裤子很长、第三条裤子非常长

第五张图：第一行是三个城市的名称；第二行分别是其夏天的温度。如果当地用的是华氏温度，教师把如下温度相应地转换成华氏温度。例如：

哈尔滨	北京	香港
25℃	35℃	40℃

第六张图：三个城市及其冬天的温度，可参照第五张图。例如：

香港	北京	哈尔滨
20℃	0℃	-20℃

活动步骤：

（1）出示第一张图，指着第一个苹果问学生，“这个苹果小吗？”，学生回答“不小”。教师再指着第二个苹果问学生“这个苹果很小吗？”，学生回答“很小”。教师指着第三个苹果问“这个苹果怎么样？”，学生可能不知道怎么回答，教师说“这个苹果太小了”。

（2）说明“太”的用法，并说明“太”常和“了”一起连用，用“太……了”的形式表达程度很高。教师分别指着第一张图的三个苹果，让学生再说一遍“这个苹果不小（很小 / 太小了）”。

（3）同步骤 1，教师分别出示其他图片，让学生描述每张图中的三个事物或人物，通过对比引导学生学会用“太……了”表达。例如第三张图片中的三个人可分别这样描述“这个人不高（很高 / 太高了）”；第五张图可这样描述“哈尔滨不热；北京很热；香港太热了”。

◆ 活动 2

活动目的：帮助学生巩固“太”的用法。

做《活动手册》第 81 页“看图完成句子”。

2. “还”2

◆ 活动 3

活动目的：通过情境问答帮助学生理解并掌握用“还”表示行为动作的继续进行或状况继续存在的用法。

活动步骤：

（1）问一个学生“今天你有汉语课吗？”（或其他课程），再问“明天你有汉语课吗？”，如果学生回答“有”，教师再问“明天你还有汉语课吗？”。

（2）教师说明“还”的用法。

（3）可选用如下问题，帮助学生体会并学会“还”的用法。如果每组第一个问题学生的回答是肯定的，教师可继续问第二个问题。

昨天你忙 / 累吗？今天你还忙 / 累吗？

昨天热 / 冷吗？ 今天还热 / 冷吗？

今天你有英语课（或其他课程）吗？ 明天你还有英语课吗？

昨天你看电视（写作业 / 画画儿 / 去图书馆 / 去商店）了吗？今天你还看电视（写作业 / 画画儿 / 去图书馆 / 去商店）吗？

昨天晚上你吃（做）什么了？今天晚上你还……吗？（省略号部分为学生所回答的内容）

◆ 活动 4

活动目的：帮助学生巩固“还”的用法。

做《活动手册》第 82 页“看图完成句子”。

3. 为什么

◆ 活动 5

活动目的：通过问答导入语言点“为什么”，并帮助学生掌握用“为什么”来询问原因。

活动准备：

根据学生人数，准备一些陈述句，每个句子分别写在一张纸条上。句子参考如下：

我喜欢春天（秋天）。

我不喜欢冬天（夏天）。

我喜欢学习汉语（画画儿 / 吃面条）。

我不喜欢喝可乐（牛奶）。

我今天很累。

老师今天不高兴。

贝贝今天没来上课（学校）。

活动步骤：

（1）问几个学生“你喜欢什么季节？”，然后分别用以下三种形式提问，省略号部分为学生喜欢的季节。

你为什么喜欢……？

为什么你喜欢……？

为什么？

（2）教师说明“为什么”的用法及可放在主语后、句首、单独使用三种表达方式。

（3）把学生分成两组，每次各组各叫一个学生到教室前面做练习（分组做练习的方法可参照附录《课堂活动方法》中“课堂活动中学生的分组方法”）。教师可让一组学生抽一张纸条，并读出纸条上的句子，二组学生听后改成用“为什么”提问的疑问句。如把“我喜欢春天。”改成“你为什么喜欢春天？”，学生回答正确则其所在的小组得一分。

（4）各组做完练习后，教师可让两组学生交换角色，二组学生抽纸条、读句子，一组学生改成疑问句。

（5）最后两组中得分多的获胜。

4. 因为……所以……

◆ **活动 6**

活动目的：通过问答导入语言点“因为……所以……”，并通过语境帮助学生掌握用“因为”和“所以”来表达原因和结果的用法。

活动准备：

（1）在黑板的一边写一些用“所以”的分句。句子参考如下：

______________，所以今天我不去爬山。

______________，所以我喜欢春天。

______________，所以我喜欢学习汉语。

（2）在黑板的另一边写一些用“因为”的分句。句子参考如下：

因为今天我太累了，______________。

因为今天太冷了，______________。

活动步骤：

（1）问一个学生“你喜欢什么季节？”，比如学生回答“我喜欢秋天”，教师再问“你为什么喜欢秋天？”，比如学生回答“秋天不冷也不热”。教师告诉学生可以这样回答“因为秋天不冷也不热，所以我喜欢秋天”。

（2）教师说明“因为”和“所以”的用法。

（3）把学生分为两组，让学生根据黑板上的“所以”分句分别说出“因为”分句。教师可鼓励学生多想出一些原因，说出原因多的组获胜。答案参考如下：

因为今天下雨了，所以今天我不去爬山。

因为春天很暖和，所以我喜欢春天。

因为汉语很有意思，所以我喜欢学习汉语。

（4）同上面的方法，教师让学生根据黑板上的“因为”分句分别说出“所以”分句。教师可鼓励学生多想出一些结果，说出结果多的组获胜。答案参考如下：

因为今天我太累了，所以不想画画儿。

因为今天太冷了，所以我不想去外面玩。

◆ 活动7：

活动目的：帮助学生巩固“因为……所以……”的用法。

做《活动手册》第83页“完成句子”。

5. 最

◆ 活动8

活动目的：通过对比帮助学生理解并掌握“最＋形容词”的用法。

活动准备：

可制作一些图片或用PowerPoint制作成幻灯片的形式，每张图片上要有几个事物或几个人物的对比，以引导学生用“最＋形容词”来描述图片。图片内容参考如下：

第一张：几个大小不同的苹果，其中有一个是最大的，有一个是最小的。

第二张：Tom和爸爸、哥哥并排站着，Tom最矮，爸爸最高。也可是其他三个高矮不等的人。

第三张：心爱、Linda和Tom的姐姐并排站着，Tom的姐姐头发最长。也可是其他三个头发长短不等的女孩。

第四张：北京或一个城市一年温度表，一月温度最低，比如零下15度，七月温度最高，比如38度。

第五张：贝贝、Tom和心爱的汉语考试成绩，每个人物的名字旁分别标注其成绩，如100、95、96。

活动步骤：

（1）指着第一张图片中最大的苹果问学生“这个苹果怎么样？”，如果学生不知道怎么回答，教师再问“这个苹果最大吗？”，教师再指着最小的苹果问学生“那个苹果怎么样？”或“那个苹果最小吗？”。

（2）教师以上面的例子说明“最”的用法。

（3）分别出示其他几张图片，向学生提问，引导学生练习用“最”来回答。

第二张：“谁最高？”

第三张：“谁的头发最长？”

第四张：“几月最冷？”“几月最热？”

第五张：“谁的汉语最好？”

（4）再分别出示这几张图片，只说每张图片的主语，学生用“最＋形容词”完成句子。如第一张图片，教师指着最大的苹果说“这个苹果”，学生要说“这个苹果最大”；第四张图片，教师指着一月说“一月”，学生要说“一月最冷”。

◆ 活动 9

活动目的：通过情景设置和图片演示帮助学生理解并掌握“最＋动词”的用法。

活动准备：可用 PowerPoint 制作如下事物图片：食品（如米饭、面条、面包、蛋糕或苹果、香蕉、西瓜等水果）、饮料（如牛奶、果汁、茶、可乐）、课程（如汉语、数学、历史、地理、法语、西班牙语，可以课本封面的形式呈现）、四季景色（春天、夏天、秋天、冬天）。

活动步骤：

（1）出示食品图片，对学生说“我喜欢吃米饭、面条、面包和蛋糕，但是我最喜欢吃面包”，然后指着图片问一个学生“你最喜欢吃什么？”，学生回答后，教师根据情况可再问几个学生这个问题。

（2）教师说明“最”可以放在动词前。

（3）分别出示饮料、课程、四季图片，问学生“你最喜欢喝什么（上什么课／什么季节）？”引导学生练习用“最＋动词”来回答。

◆ 活动 10

活动目的：通过“击鼓传花”游戏中的交际性问答练习帮助学生巩固“最＋动词”的用法。

活动准备：

（1）准备一些纸条，每张纸条上写“你最……？”这个问句中的动词及宾语，如“喜欢 吃”“喜欢 喝”“喜欢 季节”“喜欢 上 课”。然后教师把这些纸条折好，字不要露出来，放在一个盒子里。

（2）准备“击鼓传花”游戏中的传递物（可参照附录《课堂活动方法》中“击鼓传花”游戏的变化形式及需要考虑的问题）。

（3）准备用于“击鼓传花”游戏中播放的音乐。

活动步骤：

（1）把学生分为一、二两组。两组学生分别在教室前面围站一圈，做“击鼓传花”游戏。教师放音乐，两组学生同时传递物品。音乐停，手中有传递物的两个学生要做问答练习。

（2）教师可指定一组学生提问，二组学生回答。一组学生在盒子中抽一张纸条，按纸条上的信息用“你最……？”提问，如抽到“喜欢 上 课”，则问“你最喜欢上什么课？”，二组学生根据实际情况回答。说对的学生为其所在的组得一分。

（3）教师继续放音乐，做下一轮练习。音乐停时，二组学生提问，一组学生回答。然后继续进行，两组学生交替问答。最后得分多的组获胜。

◆ **活动 11**

活动目的：帮助学生进一步巩固“最”的用法。

做《活动手册》第 83 页“听听判断”。

（三）《活动手册》说明

1. 练习目的及方法

“看图完成句子”（第 81 页）：本课语言点程度副词“太”用法的练习。

“看图完成句子”（第 82 页）：本课语言点频率副词“还”用法的练习。

“小调查”（第 82 页）：本课功能（描述季节与天气特征）的交际性练习。训练的是学生的阅读与口语表达技能。要求学生在课下通过互联网调查他想去旅游的一个城市的四季气候特征，并比较那个城市跟他所在城市的四季有什么相同点和不同点，然后在课上把他所做的调查向全班同学汇报。每个学生做完报告后，教师可根据其报告内容向其他学生提问，以检查学生的听力理解情况以及注意力是否集中。

“完成句子”（第 83 页）：本课语言点连词“因为……所以……”用法的练习。要求学生选择正确的原因或结果分句来完成句子。

“听听判断”（第 83 页）：本课语言点副词“最”用法的练习。要求学生判断录音中的句子与所对应的插图的内容是否一致。第 4 题图中显示的是摄氏温度，如果当地用的是华氏温度，教师可以帮助学生转换一下。

“看图谈天气”（第 84 页）：本课功能描述天气的交际性练习。训练的是学生的口语表达技能。本题需要把学生分为两人一组，一个学生问，一个学生根据插图内容回答。比如学生 A 问“今天天气怎么样？”，学生 B 回答“今天下雨”。教师可让学生交换角色做练习，比如图 1 学生 A 问，图 2 则学生 B 问。

“猜一猜”（第 84 页）：谜底是“雨”，这与本课谈天气的话题相照应，练习的目的是用猜谜语的形式增强学生学习汉语的兴趣，并帮助学生巩固所学的词语。教师可提示学生谜底与天气有关。

2. 练习参考答案

“看看贴贴”（第 80 页）：

下雨、下雪、刮风、晴天、春天、夏天、秋天、冬天、花、西瓜、裙子

“看图完成句子”（第 81 页）：

（1）Tom 的书包太大了。

（2）Linda 的裙子太长了。

（3）他太高了。

（4）爸爸太忙了。

（5）莉莉太累了。

（6）冬天太冷了。

（7）夏天太热了。

（8）蛋糕太好吃了。

“看图完成句子”（第 82 页）：

（1）昨天很热，今天还很热。

（2）今天刮风，明天还刮风吗？

（3）昨天我很累，今天我还累。

（4）去年我学习汉语，今年我还学习汉语。

“完成句子”（第 83 页）：

（1）因为昨天下雨了，所以我没去爬山。

（2）因为汉语课很有意思，所以我喜欢上汉语课。

（3）因为今天我太累了，所以不想画画儿。

（4）因为冬天太冷了，所以我不喜欢冬天。

“听听判断”（第 83 页）：

（1）F （2）T （3）F （4）F （5）F （6）F

听力材料：

（1）左边的苹果最大。

（2）哥哥最高。

（3）心爱的裙子最长。

（4）北京最冷。

（5）苹果、香蕉和西瓜我都喜欢，但是我最喜欢吃西瓜。

（6）春天、夏天、秋天和冬天我都喜欢，但是我最喜欢春天。

“看图谈天气”（第84页）：

（1）A：今天天气怎么样？

B：今天下雨。

（2）A：今天天气怎么样？

B：今天下雪。

（3）A：今天天气怎么样？

B：今天刮风。

（4）A：今天天气怎么样？

B：今天晴天。

“猜一猜”（第84页）：

谜底：雨

五 教学小贴士

1. 北京的气候特征

北京在中国的北方，气候为大陆型季风气候，四季分明，冬季长，而春、秋两季较短。北京的春天很暖和，百花盛开，但干燥多风；夏天高温多雨；秋天不冷也不热，是北京最好的季节；冬天寒冷干燥，常常刮风，有时下雪。

2. 中国的气候特征

中国土地辽阔，东西跨经度60多度，南北跨纬度近50度，且地形复杂，虽然全国夏季普遍高温多雨，冬季寒冷少雨，但各地气候差异很大。在中国的最北端，夏天非常短暂，冬季漫长而寒冷；而地处南端的海南岛则四季炎热。东南沿海地区大部分四季潮湿，而西北内陆全年降水相对较少，被称为“世界屋脊”的青藏高原则终年被冰雪覆盖。所以，在同一个季节，去不同的地方，你可能会感受到经历着不同的季节。

六 一课一测 Assessment

（一）根据听到的内容选出相应的图片。 Listen to the recording and choose the right picture for each dialogue.

A 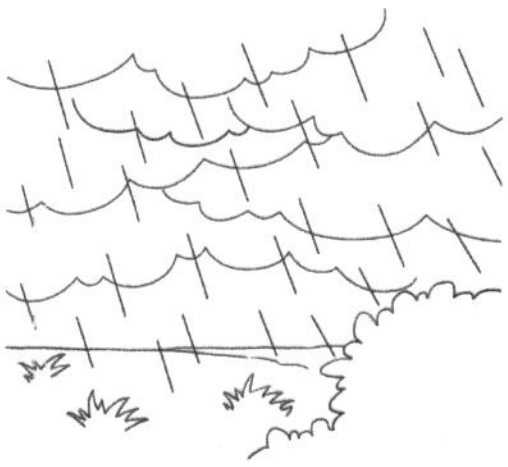

B 

C 

D 

1. □
2. □
3. □
4. □

（二）选择正确的一个答案完成对话。 Choose the right answer to complete each dialogue below.

1. 女：你今天为什么不去学画画儿？

男：我（　）累了。

A 很　B 最　C 太

2. 女：昨天刮风了，今天天气怎么样？

男：今天（　）刮风。

A 再　B 还　C 当然

3. 男：你为什么喜欢秋天？

女：（　）秋天不冷也不热。

A 但是　B 所以　C 因为

4. 男：你最喜欢吃什么？

女：我最喜欢吃（　）。

A 牛奶　B 可乐　C 西瓜

（三）根据情境对话。 Make a dialogue according to the situation below.

You are chatting with your Chinese friend who is in China through the Internet. He or she asks you what the weather is like in your place today, then he or she would like to know what the characteristics of the four seasons are in your city.

"一课一测"参考答案

（一）根据听到的内容选出相应的图片。

1.C　2.B　3.D　4.A

听力材料：

1. 女：今天天气怎么样？

男：今天太冷了。

2. 女：昨天下雪了，今天呢？

男：今天还下雪。

3. 女：你最喜欢什么季节？

男：我最喜欢春天。

4. 女：昨天你们为什么没去爬山？

男：因为下雨了，所以我们没去。

（二）选择正确的一个答案完成对话。

1.C　2.B　3.C　4.C

“一课一测”参考答案

（三）根据情境对话。

参考如下：

A：今天天气怎么样？

B：今天晴天，很暖和。

A：纽约的春天怎么样？

B：纽约的春天很暖和。

A：纽约的夏天怎么样？

B：纽约的夏天很热，常常下雨。

A：纽约的秋天怎么样？

B：纽约的秋天不冷也不热。

A：纽约的冬天怎么样？

B：纽约的冬天很冷，常常下雪。

第五课　祝您生日快乐

一　教学目标

（一）话题

祝贺生日

（二）功能

表达赠送礼物及祝贺生日

（三）语法

1. 用“对吗”的是非问句
2. 介词“给”
3. 量词：“件”“本”“杯”
4. 人称代词“自己”
5. 助动词“能”
6. 否定副词：别

（四）生词

1. 课文生词：

生日、玫瑰花（外）、送、礼物、猜（4）、杯子、给、对、知道、件、衣服、自己、过、长寿面（外）、本（2）、书（内）、能、懂、问、问题、字（2）、日（内）、太阳、意思、月（1）、祝（4）、哭、别、笑

补充生词：

杯（3）

2. 按词性分类词汇表：

动词：送、知道、能、懂、问、哭、笑

名词：生日、玫瑰花、礼物、杯子、衣服、书、问题、字、日、太阳、意思、月

形容词：对
代词：自己
量词：件、本
副词：别
介词：给

（五）汉字

生、书

二 教学步骤

（一）导入

1. 导入方法：
教师问学生这个月谁过生日？进而问有关过生日的问题，如怎么过生日？吃什么？家人、朋友送什么礼物？由此引出本课话题与学习内容。
2. 本课学习任务：
学会教学目标中所列的功能项目。
3. 课文故事简介：
本课讲述的是 Tom 一家给奶奶过生日的故事。他们每个人都精心为奶奶准备了一份生日礼物，有衣服、书、杯子、面条。你能猜出**他们各自送给奶奶的礼物是什么**吗？**后来奶奶为什么哭了**？

（二）生词

1. 读生词：步骤略。
2. 熟悉与记忆生词：参见“四、教学活动”的“（一）词汇”部分 1。
3. 讲练生词：参见“三、教学重点和难点”的“（一）重点讲练词汇”。
4. 巩固生词：做《活动手册》第 86 页“看看连连”。

（三）课文

1. 朗读课文：步骤略。
2. 帮助学生初步了解课文故事：教师提问课文故事简介中的问题（粗体字），学生回答。

3. 讲练用“对吗”的是非问句，做教学活动语法部分活动 1、2（《活动手册》第 91 页“回答问题”）。

4. 讲练介词“给”，做教学活动语法部分活动 3、4（《活动手册》第 86 页“造句”）。

5. 讲练量词“件”“本”“杯”，做教学活动语法部分活动 5、6、7（《活动手册》第 90 页“看看写写”）。

6. 讲练人称代词“自己”，做教学活动语法部分活动 8、9（《活动手册》第 87 页“把‘自己’放到句中”）。

7. 讲练助动词“能”，做教学活动语法部分活动 10、11、12（《活动手册》第 89 页“选词填空”）。

8. 讲练否定副词“别”，做教学活动语法部分活动 13、14（《活动手册》第 88 页“完成句子”）。

9. 检查对课文的理解及复习本课词汇和语言点，做《活动手册》第 89 页“听听判断”。

（四）交际与运用

做《活动手册》第 90 页“分角色表演”。

（五）相关文化知识介绍

参见“五、教学小贴士”。

（六）学汉字：“生、书”

做《活动手册》第 91 页“写汉字”。

（七）学绕口令

做《活动手册》第 90 页“说一说”。

三 教学重点和难点

（一）重点讲练词汇

1. 送

动词“送”可以带双宾语，其中一个指人，另一个宾语指事或物。例如：

（1）我想送朋友一本汉语书。
（2）你想送妈妈什么生日礼物？

动词“送”的后边也可以接介词“给”，“给 + 名词”作“送”的补语，突出事物的接受者（见语法部分介词“给”）。例如：

（1）这些花是朋友送给我的生日礼物。
（2）这是你妈妈送给你的新年礼物吗？
（小贴士：教师可与学生做问答练习，如问学生想送某人什么生日礼物。）

2. 知道
（1）你知道这个字怎么读吗？——我知道，这个字读“rì”。
（2）你知道明天天气怎么样吗？——对不起，我不知道。

3. 懂
“懂”可以做“看”“听”等动词的补语，如“看懂”“听懂”，表示“看”“听”的结果，其否定式是“没看懂”“没听懂”。“懂”的这一用法本课只作为一般性的了解，不作为重点语言操练项目。

（1）你懂英语吗？——我懂英语。
（2）你懂法语吗？——我不懂法语。
（小贴士：以上两个问题教师可根据学生所掌握的语言提问，引导学生练习用肯定式和否定式回答。）

（3）你看懂了吗？——我看懂了。/ 我没看懂。
（小贴士：教师可在黑板上写一个简单的句子，然后问学生是否看懂了。教师再写一个复杂的句子，其中有学生没学过的生词，问学生是否看懂了。以此引导学生练习表达“看懂了”“没看懂”。）

（4）你听懂了吗？——我听懂了。/ 我没听懂。
（小贴士：教师可先说一句学生能听懂的汉语，语速稍慢，问学生是否听懂了。然后再说一句汉语，语速稍快，且其中有学生没学过的生词，问学生是否听懂了。以此引导学生练习表达“听懂了”“没听懂”。）

4. 问

扩展：问问题

（1）我可以问你一个问题吗？

（2）我想问你个问题。

（二）语法

1. 用“对吗”的是非问句

除以前学过的“好吗”外，“对吗”也可以用于是非问句。当说话人先提出自己的估计，然后征询对方的意见时，就可以用这种疑问句。肯定回答用“对”，否定回答用“不”或“不对”。例如：

（1）你上四年级，对吗？——对。

（2）这个字读“shěng”，对吗？——不，这个字读“shēng”。

2. 介词“给”

介词“给”和它后面的名词组成介词结构，用在谓语动词的前边，引进动作行为的接受者。“给”后面的名词表示物体的接受者。这类谓语动词常常有“制作”或“取得”意义，如“做”“画”“写”“打（电话）”“买”。例如：

（1）姐姐给奶奶买了一件衣服。（奶奶——“衣服”的接受者）

（2）妈妈给我们做面条。（我们——“面条”的接受者）

（3）今天我给朋友打了一个电话。（朋友——“电话”的接受者）

当谓语动词表示“给予”意义时，如“送”“卖”“找（钱）”“还”，这时“给＋名词”一般出现在动词后，作补语。例如：

（1）朋友送给我一个杯子。

（2）这是我送给你的礼物。

3. 量词：“件”“本”“杯”

量词“件”可用于衣服类的名词前，例如“一件衣服”。

量词“本”通常用在书籍、簿册一类的名词前，例如“一本书”。

量词“杯”用于可以用杯子盛装的东西前，例如“一杯茶”“一杯果汁”。

数量词在宾语前作定语时可以省略数词“一”，只用量词。例如：

（1）我想给奶奶打个电话。

（2）我想买件新衣服。

4. 人称代词“自己”

代词“自己”表示某人或某物的自身，常用来复指前边的人称代词或名词，强调某人本人或某物本身。例如“我自己、他们自己、老师自己”。

（1）这是我自己画的画儿。

（2）这是姐姐自己做的面条。

（3）他要洗自己的衣服。

5. 助动词“能”

助动词（也叫能愿动词）“能”常常放在动词前表示有能力做某事，也可表示客观条件允许或禁止。例如：

（1）这本汉语书你能看懂吗？

（2）明天你能去爬山吗?

带助动词“能”的句子，可以用肯定、否定并列的方式表示疑问，否定形式一般是“不能”。例如：

（1）今天你能不能来？——能。

（2）明天你能不能上课？——明天我不能上课。

6. 否定副词：别

“别”是表示否定的副词，可表示劝阻或禁止。例如：

（1）上课了，别说话了。

（2）要下雨了，别去爬山了。

（3）别看书了，睡觉吧。

四 教学活动

（一）词汇

1. 熟悉与记忆生词

本课词语的练习方法教师可参考附录《课堂活动方法》“词语的练习方法”中“图片 / 卡片法”。

2. 讲练生词

参见“三、教学重点与难点”的“（一）重点讲练词汇”。

3. 巩固生词

做《活动手册》第 86 页“看看连连”。

（二）语法

1. 用“对吗”的是非问句

◆ 活动 1

活动目的：通过情境设置帮助学生理解用“对吗”提问的用法，并通过问答练习帮助学生掌握此语言点的用法。

活动准备：

（1）准备两组卡片，第一组卡片写食品，如“面包”“蛋糕”“苹果”“香蕉”“西瓜”；第二组卡片写饮料，如“水”“茶”“牛奶”“果汁”“可乐”。每组卡片数是学生人数的一半，卡片上的词可以重复使用。

（2）把上面食品与饮料的名称分为两组写在黑板上，供学生做练习时参考。

活动步骤：

（1）在黑板上写两个学生学过的汉字，然后用“对吗”问学生这两个字的读音是否正确，其中一个字要读正确，另一个字要故意读错。例如教师在黑板上写“十”和“四”，然后指着“十”问“这个字读‘shí’，对吗？”，学生应回答“对”，然后教师再指着“四”问“这个字读‘shì’，对吗？”学生应回答“不对”。

（2）教师说明用“对吗”提问的用法及否定回答要用“不”或“不对”。

（3）把学生分为两组。一组为食品组，学生分别在食品类卡片中抽一张卡片；

另一组为饮料组，学生分别在饮料类卡片中抽一张卡片。学生要不能让别人看到自己卡片上的内容。`

（4）每次在两组中各叫一名学生到教室前面做问答练习（叫学生做练习的方法可参照附录《课堂活动方法》中“课堂活动中学生的分组方法”）。两名学生要猜对方所拿的卡片是什么食品或饮料（食品、饮料名称可参照黑板上所列的），用“你有……，对吗”来提问。提问的学生如果猜错了，可再有一次提问的机会。例如饮料组学生拿的卡片是“牛奶”，食品组学生问“你有果汁，对吗？”，饮料组学生回答“不对”；食品组学生可再问一次，如“你有牛奶，对吗？”，饮料组学生回答“对”，然后两个学生交换角色。

（5）如果提问的学生猜对了，就为其所在的组得一分，最后得分多的组获胜。

◆ 活动 2

活动目的：帮助学生巩固用“对吗”的是非问句。

做《活动手册》第 91 页“回答问题”。

2. 介词“给”

◆ 活动 3

活动目的：通过动作演示导入语言点，并通过情境设置帮助学生掌握“给 + 名词（人）+ 动词 + 宾语”的用法。

活动准备：

（1）准备几本书。

（2）可利用活动 1 的食品、饮料卡片。

活动步骤：

（1）叫两个学生表演打电话，然后让其他学生用一个句子描述这个动作。学生可能说得不正确，教师给出正确的表达“……给……打电话”。

（2）教师说明“打（电话）”“做”“画”“写”“买”等有“制作”或“取得”意义的动词，要用“给 + 名词（人）+ 动词 + 宾语”这个句式来表达。

（3）叫两个学生（假设为 A 和 B）到教室前面。教师从桌上拿起一本书，给学生 A，向其他学生说明“A 买了一本书”，然后让学生 A 把书给学生 B，说“书现在是 B 的”。教师让学生根据这个情境用“给”和“买”来描述，比如“A 给 B 买了一本书”。教师可以同样的方法，再拿两三本书让学生表演，其他学生练习用“给”来描述。

（4）把学生分为两组，让学生到教室前面分站两列进行抢答练习。每排两个学生要根据教师出示的卡片和设置的情境用“给”来描述。教师可这样设置情境：如卡片是苹果，教师说“妈妈买，我吃”，学生要说“妈妈给我买苹果”；如卡片是面条，教师说“妈妈做，我吃”，学生要说“妈妈给我做面条”。

（5）每排两个学生中最先说对的为其所在的组得一分。说对的学生回到座位上，说错的学生要排到队伍最后，重新进行抢答练习，直到说对。最后得分多的组获胜。

（小贴士：根据学生的练习情况，有些卡片教师可重复使用。教师还可让已回到座位的学生重复做练习的学生刚刚说过的句子，以检查学生注意力是否集中。）

◆ 活动 4：

活动目的：帮助学生巩固介词“给”的用法。

做《活动手册》第 86 页“造句”。

3. 量词：“件”“本”“杯”

◆ 活动 5

活动目的：通过图片演示帮助学生掌握本课新学量词，并复习已学过的量词。

活动准备：

（1）准备一些图片，如衣服、书、茶（在茶杯里）、果汁（在杯子里），图片中的事物可以是一本 / 件 / 杯，或是几本 / 件 / 杯。

（2）准备一些词语卡片，每张卡片写有一个事物或一个量词，如：书、衣服、茶、牛奶、果汁、苹果、面包、本、件、杯、个。

活动步骤：

（1）出示每张图片，分别问学生“这是几件衣服 / 几本书 / 几杯茶 / 几杯果汁？”，通过问答帮助学生熟悉名词与所对应的量词。

（2）教师说明量词“件”“本”“杯”的用法，然后重新出示一遍图片，领着学生用数量短语说出图中的事物。

（3）把学生分成两组，然后每组各叫一个学生到教室前面各抽一张词语卡片（分组做练习的方法可参照附录“课堂活动中学生的分组方法”）。一个学生向另一学生出示自己所抽的卡片，另一个学生根据卡片内容说一个数量短语，如卡片是“书”则说“一本书”，卡片是“件”则说“一件衣服”。

（4）说对的学生为其所在的组得一分，得分多的组获胜。

◆ 活动 6

活动目的：帮助学生掌握数量词在宾语前作定语时可省略数词“一”的用法。

（1）教师对学生说“昨天老师买了本书”，然后问“昨天老师买了几本书？”。

（2）说明数量词在宾语前作定语时可以省略数词“一”，而只用量词，“昨天老师买了本书”就是“昨天老师买了一本书”。

（3）教师说一些带数量词的句子，大部分句子中的数词是“一”。如果句中的数词是“一”，学生要变成省略数词“一”的形式。可把学生分为两组进行抢答。句子参考如下：

我想买一件新衣服。

我想喝一杯果汁。

我想吃一个苹果。

昨天我给奶奶打了一个电话。

昨天我买了三本书。

今天早上我喝了两杯牛奶。

◆ 活动7：

活动目的：帮助学生巩固所学量词。

做《活动手册》第90页“看看写写”。

4. 人称代词“自己”

◆ 活动8

活动目的：通过实物导入语言点“自己”，并通过问答帮助学生掌握“代词/名词+自己”及“自己的+名词”的用法。

活动准备：

让学生准备自己画的画儿或写的汉字，上课时带来。

活动步骤：

（1）指着一个学生的画儿问他“这是你画的画儿吗？”，然后再问“这是你自己画的画儿吗？”，教师再指着这张画儿问其他学生“这是……（学生名字）自己画的画儿吗？”，如果学生带来的是汉字，教师则问“这是你自己写的字吗？”。

（2）教师说明“自己”的用法。

（3）分别指着不同学生画的画儿，问“这是谁画的画儿？”，引导学生用“自己”回答，如“这是我自己画的画儿”，或“这是……（学生名字）自己画的画儿”，以此帮助学生掌握“代词+自己”“名词+自己”的用法。

（4）可再问学生以下问题，帮助学生进一步掌握“自己”的用法。如：

你自己会做面条（米饭/蛋糕/面包）吗？

（5）教师问一个学生“你洗你的衣服吗？”，然后问“你洗自己的衣服吗？”，学生回答后，教师说一遍正确的表达，然后可再问其他学生这个问题，引导学生练习“自己的+名词”的用法。

◆ 活动9：

活动目的：帮助学生巩固语言点“自己”的用法。

做《活动手册》第87页“把‘自己’放到句中”。

5. 助动词“能”

◆ **活动 10**

活动目的：通过情景设置导入语言点“能”，并通过问答练习帮助学生掌握助动词“能”（有能力做某事的意义）的用法及其肯定式和否定式。

活动准备：准备一些书，其中有一本英文书（可以是学生的课本）、一本中文书（全部是汉字，学生看不懂），其他书可以是学生所学的不同科目的课本。

活动步骤：

（1）问一个学生“你懂英语吗？”，学生回答“懂”，然后教师举起英文书问“你能看懂这本英语书吗？”。

（2）说明助动词“能”（有能力做某事的意义）的用法。教师可以上面的例子说明：……（学生名字）懂英语，所以能看懂这本书。

（3）教师举起中文书，翻开一页，指着汉字问一个学生“你认识这些汉字吗？”，如学生回答“不认识”，教师再问“你能看懂这本汉语书吗？”，学生回答后，教师给出正确的表达“我不能看懂这本汉语书”。

（4）教师说明“能”的否定式是“不能”。

（5）举起不同的书，让学生做一问一答练习。提问的学生问“你能看懂这本书吗？”，回答的学生要根据教师所举的书用“能”的肯定式或否定式来回答。

◆ **活动 11**

活动目的：通过问答练习帮助学生掌握助动词“能”（表示客观条件允许或禁止的意义）的用法及其正反疑问式。

活动准备：

（1）教师准备一些卡片，上面写有时间、动词及宾语，如“明天早上五点 起床”“明天早上七点 来学校”“星期六 来学校”。

（2）教师准备两组有相同数字的纸条，纸条总数与学生人数相同。例如有 10 个学生，教师准备“A1/A2/....../A5”和“B1/B2/……/B5”十张纸条。如果学生人数是单数，要准备“学生人数 +1”张纸条，教师可加入到学生中一起参与活动。

活动步骤：

（1）问一个学生“明天你能来学校吗？”，再问另一个学生“明天他能不能来学校？”。

（2）教师说明“能”（表示客观条件允许或禁止的意义）的用法及正反疑问式。

（3）教师让每个学生抽一张数字纸条。可让抽到有“A”的学生先提问，抽到有“B”的学生回答。教师随意说一个数字，如 2，抽到“A2”的学生根据教师出示的信息卡用“能不能”提问，比如卡片是“明天早上五点 起床”，则问“明天早上五点你能不能起床？”，抽到“B2”的学生根据实际情况回答。

（4）如果学生说对了，两个学生就一起把数字纸条交还给教师；如果学生说错了，要等教师下一次叫号时再进行问答练习，直到说对了，才能把数字纸条交还给教师。

◆ 活动 12

活动目的：帮助学生巩固“能”的用法。

做《活动手册》第 89 页“选词填空”。

6. 否定副词：别

◆ 活动 13

活动目的：通过情景设置帮助学生理解并掌握“别”的用法。

活动准备：教师准备一些图片，或用 PowerPoint 制作成幻灯片的形式，图片的内容可以是学生在聊天、学生在运动场玩、学生在爬山。教师要根据图片内容设置情境，让学生用“别”来说句子。

活动步骤：

（1）出示学生在聊天的图片，对学生说“现在上课了，他们可以说话吗？”，然后问学生应该对他们说什么？教师提示可用“别”来表达。最后教师给出正确的表达，“上课了，别说话了”。

（2）教师说明“别”的用法。

（3）以同样的方法，教师分别出示第二张、第三张图，问学生：“现在上课了，他们可以玩吗？”“现在下雨了，他们可以去爬山吗？”然后问应该对他们说什么？引导学生用“别”来表达，如：“上课了，别玩了。”“下雨了，别去爬山了。”

◆ 活动 14：

活动目的：帮助学生巩固“别”的用法。

做《活动手册》第 88 页“完成句子”。

（三）《活动手册》说明

1. 练习目的及方法

“造句”（第 86 页）：本课语言点介词“给”用法的练习。要求学生仿照例句，重新排列每组词语，并组成一个句子。

“把‘自己’放到句中”（第 87 页）：本课语言点人称代词“自己”用法的练习。要求学生把“自己”插入到句中合适的位置上，每句有三条画横线的位置供学生选择。

“完成句子”（第 88 页）：本课语言点否定副词“别”用法的练习。

“选词填空”（第 89 页）：本课语言点助动词“能”用法的练习。

“听听判断”（第 89 页）：本课课文的综合练习。

“看看写写”（第 90 页）：本课语言点量词用法的练习。要求学生用数量短语写出图中所画的事物，比如“两件衣服”。

“分角色表演”（第 90 页）：本课功能（表达赠送礼物及祝贺生日）的交际性练习。根据班上学生人数，教师可把学生分为三人、四人或五人一组，分别扮演不同的家庭成员。根据时间和学生的练习情况，教师可再让学生交换角色表演。

“说一说”（第 90 页）：绕口令中反复出现“花、红、送给”这几个词语，它们都是课文中出现的词语或语言点，而绕口令练习不但可以帮助学生巩固所学词语和语言点，还可以帮助学生练习发准音近词的读音。教师可先让学生慢速把绕口令说准确，然后语速逐渐加快，最后比赛看谁说得又快又准确。

“回答问题”（第 91 页）：本课语言点“对吗”的是非问句用法的交际性练习。

2. 练习参考答案

“看看连连”（第 86 页）：

按从上到下，从左往右的顺序依次是：

太阳、玫瑰花、笑、衣服、杯子、书、哭

“造句”（第 86 页）：

（1）我给朋友打电话。

（2）妈妈给我们做面条。

（3）爸爸给奶奶买生日蛋糕。

（4）姐姐给狗洗澡。

“把‘自己’放到句中”（第 87 页）：

（1）Tom：这是你画的画儿吗？

贝贝：对，这是我自己画的画儿。

（2）奶奶：这是妈妈做的蛋糕吗？

Tom：不，这是姐姐自己做的蛋糕。

（3）Tom：星期六你做什么？

姐姐：星期六我要洗自己的衣服。

“完成句子”（第88页）：

（1）上课了，别说话了。

（2）下雨了，别玩了。

（3）别看（书）了，睡觉吧。

“听听判断”（第89页）：

（1）T （2）F （3）F （4）F （5）F

听力材料：

（1）奶奶喜欢熊猫，所以Tom送给奶奶一个熊猫杯子。

（2）姐姐送奶奶一件红衣服。

（3）妈妈给奶奶做长寿面。

（4）爸爸送给奶奶的生日礼物是一本汉语书。

（5）奶奶哭了，因为奶奶没有生日蛋糕。

“选词填空”（第89页）：

（1）A：你（A能）看懂这本汉语书吗？

B：这本汉语书太难了，我（B不能）看懂。

（2）A：星期六你（C能不能）来学校？

B：星期六我去爬山，（B不能）来学校。

“看看写写”（第90页）：

两件衣服、五本书、两杯茶、四个面包

“分角色表演”（第90页）：

参考句式：

祝您生日快乐！

这是我送（给）您的生日礼物。

五 教学小贴士

1. 中国人过生日的习俗

各国有不同的过生日习俗。一般中国人过生日时要吃面条，叫长寿面，因为面条是长的，象征长寿。而现代有很多中国人，特别是年轻人，除吃长寿面外，也像西方人那样吃生日蛋糕，吹蜡烛，开生日派队。

2. 十二生肖

古代中国人用十天干和十二地支相配来表示时间，又用十二种动物代表地支来纪年。人的出生年就可以用这十二种动物表示。这十二种动物就是十二生肖，它们是鼠、牛、虎、兔、龙、蛇、马、羊、猴、鸡、狗、猪。十二生肖每十二年是一个轮回。2014 年是马年，你知道自己和家人的生肖吗？

六 一课一测 Assessment

（一）根据听到的内容选出相应的图片。 Listen to the recording and choose the right picture for each dialogue.

A 

B 

C 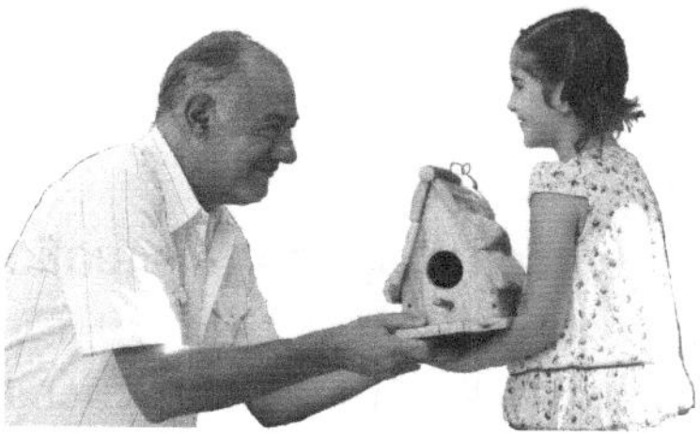

D 

1. □
2. □
3. □
4. □

（二）选择一个正确答案完成对话。 Choose the right answer to complete each dialogue below.

1. 女：你想送奶奶什么生日礼物？
   男：我想送给奶奶一（　）衣服。
   A 个　B 本　C 件

2. 男：这个字怎么读？
女：对不起，我（　）。
A 知道　B 不懂　C 不知道
3. 男：这是你买的玫瑰花，（　）？
女：对，这是我给妈妈买的花。
A 为什么　B 对吗　C 好吗
4. 男：我们现在去爬山吧。
女：下雨了，（　）去爬山了。
A 要　B 能　C 别
5. 女：明天你上汉语课吗？
男：明天我要去医院，（　）上汉语课。
A 要　B 能　C 不能
6. 女：这是妈妈做的蛋糕吗？
男：不，这是姐姐（　）做的蛋糕。
A 她　B 自己　C 给

（三）根据情境对话。 Make a dialogue according to the situation below.

One of your friends' birthday is coming. You discuss with another friend what gifts you will give him or her and why.

"一课一测"参考答案

（一）根据听到的内容选出相应的图片。
1.C　2.D　3.B　4.A
听力材料：
1. 男：生日快乐！这是我送你的生日礼物。
女：谢谢你！
2. 男：老师，我可以问您个问题吗？
女：可以，你说吧。
3. 女：他说什么？
男：我也没听懂。
4. 男：他今天能来吗？
女：我给他打个电话问问。

“一课一测”参考答案

（二）选择一个正确答案完成对话。

1.C　2.C　3.B　4.C　5.C　6.B

（三）根据情境对话。

参考如下：

A：莉莉的生日要到了。你想送她什么生日礼物？

B：我想送她一本汉语书。

A：为什么？

B：因为她喜欢学习汉语。你想送她什么礼物？

A：我想送她一个黄书包。

B：为什么？

A：因为她喜欢黄色。

第六课　这条裙子太瘦了

一 教学目标

（一）话题

购物（食品、服装）

（二）功能

购物的表达（问价钱、讨价还价、描述胖瘦、长短、颜色等）、表达顺序

（三）语法

1. 量词

（1）名量词：斤、条、双

（2）动量词：次

2. 序数词：第一

（四）生词

1. 课文生词：

少、春节（外）、今年（内）、时候、下（2）、水果、菜、鸡蛋、斤（外）、给、胖（4）、条、瘦（4）、短（4）、小姐（4）、蓝色、黑、裤子、先生（4）、卖、贵（4）、便宜（4）、行（4）、鞋、双（4）、白色、中午、饿、饺子、第一、次

2. 按词性分类词汇表：

动词：给、卖

名词：时候、下、水果、菜、鸡蛋、蓝色、小姐、裤子、先生、鞋、白色、中午、饺子

形容词：少、胖、瘦、黑、饿

量词：次

序数词：第一

（五）汉字

上、下、午

二 教学步骤

（一）导入

1. 导入方法：

教师问学生除了去超市和商店买东西外，知道不知道在中国还可以去哪儿买东西？如学生不知道，教师告诉学生还可以去市场买，然后问在市场购物和在商店购物有什么不同？由此引出本课话题与学习内容。

2. 本课学习任务：

学会教学目标中所列的功能项目。

3. 课文故事简介：

本课讲述的是春节前的周末，Tom 和妈妈、爷爷、奶奶去市场和商店购物的故事。他们各自买到了自己所需要的物品，有水果、菜、裙子、裤子、鞋等。你知道**他们各自买到了什么东西吗？**

（二）生词

1. 读生词：步骤略。

2. 熟悉与记忆生词：见“四、教学活动”的“（一）词汇”部分 1。

3. 讲练生词：参见“三、教学重点和难点”的“（一）重点讲练词汇”。

4. 巩固生词：做《活动手册》第 92 页“听听选选”、93 页“完成句子”。

（三）课文

1. 朗读课文：步骤略。

2. 帮助学生初步了解课文故事：教师提问课文故事简介中的问题（粗体字），学生回答。

3. 讲练名量词“斤”“条”“双”，做教学活动语法部分活动 1、2（《活动手册》第 94 页“Tom 的购物清单”）。

4. 讲练序数词，做教学活动语法部分活动 3、4、5（《活动手册》第 95 页“听录音找鞋”）。

5. 讲练动量词“次”，做教学活动语法部分活动6、7、8（《活动手册》第96页“完成句子”）。

6. 检查对课文的理解及复习本课词汇和语言点，做《活动手册》第97页“根据课文回答问题”。

（四）交际与运用

做《活动手册》第92页“和同学分享你的第一次经历”、95页“分角色表演”、98—99页“看图完成对话”。

（五）相关文化知识介绍

参见“五、教学小贴士”。

（六）学汉字：“上、下、午”

做《活动手册》第100页“写汉字”。

（七）学唱中文歌：新年好

做《活动手册》第100页“唱一唱”。

三 教学重点和难点

（一）重点讲练词汇

1. 少

扩展：很少、不少

例句：

（1）这个商店的东西很少。

（2）今天买东西的人真不少。

2. 时候

扩展：什么时候

例句：

（1）今天你什么时候上汉语课？——我今天九点上汉语课。
（2）你什么时候去爬山？——我明天去爬山。
（3）你的生日是什么时候？——我的生日是六月十八号。

3. 下

扩展：下（个）星期、下（个）月

例句：

（1）今年春节是什么时候？——下星期五。
（2）你什么时候去中国？——下个月。

4. 给

动词“给”可以带两个宾语，其中一个宾语指人，另一个宾语指物或事。

例句：

（1）哥哥给我一本书。
（2）妈妈给我十块钱。

5. 蓝 / 蓝色　黑 / 黑色　白 / 白色

“蓝”“黑”“白”等是单音节形容词，做定语时一般后面不加“的”，如“蓝裤子”“白裙子”。

“蓝色”“黑色”“白色”等是名词，修饰后面的名词时要加“的”，如“蓝色的裤子”。

表示颜色的形容词和名词都可以加“的”，构成“的”字短语，如“蓝的”“蓝色的”。

扩展：蓝裤子、黑色的鞋、白的、白色的

例句：

（1）我要那条蓝裤子。
（2）我不喜欢这条蓝的，有黑的吗？
（3）你喜欢什么颜色？——我喜欢白色。
（4）我想买那双白色的鞋。
（5）我不喜欢这双白色的，有黑色的吗？

6. 卖

扩展：卖东西、怎么卖

例句：

（1）那个商店卖什么东西？——那个商店卖鞋。

（2）这条裤子怎么卖？——一百五十块。

（二）语法

1. 量词

名量词："斤""条""双"

"斤"是重量单位，1斤等于500克，例如"一斤苹果"。

"条"一般用于细长形状的物体，例如"一条裤子""一条裙子""一条鱼"。

"双"一般用于成对的东西，例如"一双鞋""一双眼睛"。

动量词："次"

"次"是动量词，表示动作的次数，一般用于反复出现或可能反复出现的动作或事情。例如：

（1）这是我第一次吃饺子。

（2）这是爷爷第三次来中国。

2. 序数词

序数词是表示次序的数词，其表示法是在基数词前加"第"，如"第一个月""第二本书""第三课"。

四 教学活动

（一）词汇

1. 熟悉与记忆生词

（1）练习名词与形容词

教师可参考附录《课堂活动方法》"词语的练习方法"中"图片 / 卡片法"。

练习“胖、瘦、短”等形容词时，教师可以把它们与其相反义的形容词一起进行练习。例如“胖”与“瘦”一起练习，图片可以是一个很胖的人与一个很瘦的人对比。此外，教师还可帮助学生复习已学过的具有相反义的形容词，如“大”与“小”。

（2）颜色词的其他练习方法

除上面的“图片 / 卡片法”外，颜色词还可采用如下方法练习。

A. 彩色词语卡片

活动准备：教师准备一些小卡片，每张卡片上写一个颜色词，并用相应的彩色笔书写。如卡片上写“蓝色”，字体也是蓝色；写“黑色”，字体也是黑色。“白色”卡片可折成上、下两部分，上部分是空白，下部分用黑笔写“白色”。

活动步骤：

教师出示颜色词卡片，领着学生读，以帮助学生熟悉词语与所对应的颜色。“白色”可边指着上半部分的白色部分边领读。

B. 彩笔

活动准备：教师准备不同颜色的彩笔。如找不到白色的笔，可用白色粉笔或白纸代替。

活动步骤：

教师出示彩笔，学生根据笔的颜色说出颜色词。

2. 讲练生词

参见“三、教学重点与难点”的“（一）重点讲练词汇”。

3. 巩固生词

做《活动手册》第 92 页“听听选选”、93 页“完成句子”。

（二）语法

1. 名量词：“斤”“条”“双”

◆ **活动 1**

活动目的：通过角色扮演导入本课所学量词，并帮助学生掌握本课量词的用法。

活动准备：

（1）准备第一组卡片，卡片上写水果名、裤子、裙子、鞋，并在前面写上数量，例如“500g 苹果”“1 裤子”“2 裙子”“3 鞋”。

（2）准备第二组卡片，卡片上写数量和水果名或服装、鞋，一张卡片上写 2—3 种事物。例如：“1,000g 苹果，500g 香蕉”“2 裤子，1 鞋”。

活动步骤：

（1）叫几个学生到教室前面扮演顾客，让他们每人抽一张第一组卡片，教师分别问他们“你买什么？”学生根据卡片上的信息回答。

（2）如果持卡片的学生没有回答对，教师可让坐在下面的学生纠正，如果学生都没有回答对，最后教师给出正确答案“一斤苹果”“一条裤子”“两条裙子”“三双鞋”。

（3）教师说明上述量词的用法，比如在中国买水果、蔬菜等食品，用“斤”做单位，1 斤是 500 克。

（4）把学生分成两组，每次各组各叫一个学生到教室前面抽一张第二组卡片（分组做练习的方法可参照附录“课堂活动中学生的分组方法”）。教师可让一组学生扮演卖东西的，先提问；二组学生扮演顾客，要根据卡片上的信息回答。然后两个学生再交换角色，进行问答练习。

（5）其他学生要判断回答问题的学生说得是否正确。如果学生回答对了，就为其所在的组赢得一分。最后得分多的组获胜。

◆ 活动 2：

活动目的：帮助学生巩固本课所学量词。

做《活动手册》第 94 页“Tom 的购物清单”。

2. 序数词

◆ 活动 3

活动目的：通过图片的排列顺序帮助学生掌握序数词的用法。

活动步骤：

准备一些学生已学过的食品图片或用 PowerPoint 制作成幻灯片的形式，然后把这些图片横向排列起来。如果教师使用的是纸质图片，可把这些图片贴在黑板上。例如“苹果”“香蕉”“西瓜”“鸡蛋”“饺子”“包子”“面条”“米饭”。

活动步骤：

（1）指着第一张图片问一个学生“第一个是苹果吗？”，然后指着第二张图片问另一个学生“第二个是香蕉吗？”。

（2）教师说明序数词的用法。

（3）分别指着第三张及其后的图片问学生，“第三（四 / 五……）个是什么？”，引导学生练习用序数词来回答。

（4）说出一种食品的名称，学生根据图片排序快速说出是第几个。例如，教师说“西瓜”，学生要说“第三个”。

◆ 活动 4：

活动目的：通过图片的排列顺序帮助学生巩固序数词的用法。

活动准备：用 PowerPoint 制作几张幻灯片，每张幻灯片中有 3—5 个事物，这些事物要依次横向排列。

第一张：不同语言的书的封面，例如汉语书、英语书、法语书、西班牙语书。

第二张：不同颜色的裤子（或裙子），例如蓝裤子、黑裤子、白裤子、绿裤子。

第三张：不同颜色的鞋，例如：红鞋、黄鞋、绿鞋、黑鞋。

第四张：把第一张幻灯片中书的排列顺序变换一下，例如英语书、西班牙语书、汉语书、法语书。

第五张：把第二张幻灯片中裤子（或裙子）的排列顺序变换一下。

第六张：把第三张幻灯片中鞋的排列顺序变换一下。

活动步骤：

（1）出示第一张幻灯片，问学生“第一本书是汉语书吗？”，然后再分别问“第二（三/四）本书是什么书？”。

（2）分别出示第二张、第三张幻灯片，问学生“第一（二/三/四）条（双）裤子（鞋）是什么颜色的？”，引导学生练习用序数词表达。

（3）出示第四张幻灯片，教师说出一本书的名称，学生根据图片排序快速说出是第几本。例如幻灯片的排列顺序如上面第四张，教师说“汉语书”，学生要说“第三本”；教师说“法语书”，学生要说“第四本”。

（4）方法同上，教师出示第五张和第六张幻灯片，让学生练习用序数词表达。

◆ 活动 5：

活动目的：帮助学生进一步巩固序数词的用法。

做《活动手册》第 95 页“听录音找鞋”。

3. 动量词：“次”

◆ 活动 6

活动目的：通过图示帮助学生理解并掌握动量词“次”与序数词构成的数量短语表示动作次数的用法。

活动准备：

可用 PowerPoint 制作几张幻灯片。参考如下：

第一张：图示爷爷去北京，旁边标注几个不同的时间，例如 2010 年、2011 年、2012 年、2013 年。

第二张：图示 Tom 吃饺子，旁边标注几个不同的时间，例如 2013 年 1 月 20 日、2013 年 3 月 10 日、2013 年 5 月 15 日。

活动步骤：

（1）出示第一张幻灯片，指着图中的2010年说“这是爷爷第一次去北京”，然后指着2011年说“这是爷爷第二次去北京”，接着分别指着2012年和2013年问学生“这是爷爷第几次去北京？”。

（2）说明动量词“次”的用法，然后再分别指着第一张幻灯片中不同的时间让学生练习用“这是爷爷第……次去北京”来描述图片。

（3）出示第二张幻灯片，指着图中的第二个时间说“这是Tom第二次吃饺子”，然后分别指着第一个和第三个时间问学生“这是Tom第几次吃饺子？”，引导学生练习用序数词与动量词“次”来表达动作的次数。

◆ **活动7：**

活动目的：通过交际性问答帮助学生巩固序数词与动量词“次”连用的用法。

活动步骤：

根据学生情况，可问学生“你第一次……是什么时候？”以帮助学生巩固序数词与动量词“次”连用的用法。例如：

你喜欢吃饺子（或中国菜）吗？ 你第一次吃饺子（或中国菜）是什么时候？

你会做饺子（面条/蛋糕）吗？ 你第一次做饺子（面条/蛋糕）是什么时候？

◆ **活动8：**

活动目的：帮助学生进一步巩固序数词与动量词“次”连用的用法。

做《活动手册》第96页“完成句子”。

（三）《活动手册》说明

1. 练习目的及方法

“听听选选”（第92页）：本课关于食品的名词的练习。

“和同学分享你的第一次经历”（第92页）：本课功能（表达顺序）的交际性练习。训练的是学生的阅读与口语表达技能。教师可以让每个学生都回答一遍第一个问题，当一个学生回答时，其他学生要做记录，记下他喜欢的城市是什么，第一次去那儿是什么时候，当所有的学生都回答完这个问题时，教师让学生们找出有没有人喜欢的城市相同，那个城市是什么？他们第一次去那儿分别是什么时候？比一比，看谁最先找出来。以同样的方法，教师再让学生回答第二问题，学生们要找出有没有人喜欢的外国食品相同，那是什么食品？他们第一次吃分别是什么时候？

“完成句子”（第93页）：本课“胖”“瘦”“长”“短”等有相反意义的形容词的练习。要求学生根据所提供的文字和插图信息选用所给的词语来完成句子。

“Tom 的购物清单”（第 94 页）：本课量词与关于颜色的词的练习。要求学生根据插图内容用“数量＋量词＋颜色＋（的）名词”来描述图中所画的事物，如“一条红裙子”，或“一条红色的裙子”。

“听录音找鞋”（第 95 页）：本课序数词的练习。要求学生根据录音内容在图中找到相应的鞋，并用序数词的形式写出来，比如“爸爸的鞋是第四双”。

“分角色表演”（第 95 页）：本课功能（购物的表达）的交际性练习。学生根据需要选用所给的颜色词，不一定都用。教师可以让学生仿照第 99 页的练习进行会话练习。

“完成句子”（第 96 页）：本课语言点序数词与动量词“次”用法的练习。本练习共两组题，每组题有两张插图，要求学生根据所提供的文字信息和插图中的时间提示用“序数词＋次”来完成句子。

“根据课文回答问题”（第 97 页）：本课课文的综合练习。教师可先让学生回答每个问题，然后把各个问题串联起来，让学生练习讲述本课故事的大概内容。

“看图完成对话”（第 98—99 页）：本课购物表达功能（问价钱、讨价还价、描述胖瘦、长短、颜色）的练习。学生做完练习后，教师可让学生分角色朗读、表演，以帮助学生熟练掌握购物的表达。

“唱一唱”（第 100 页）：本课故事发生在中国的新年前，而《新年好》这首歌的歌词可以帮助学生学习新年祝贺语“新年好”，另外，歌词中的“唱歌”“跳舞”等词语也为后面第八单元的学习做铺垫。

2. 练习参考答案

“听听选选”（第 92 页）：

（1）C （2）D （3）A （4）F （5）B （6）E

听力材料：

（1）我喜欢吃水果。

（2）爷爷喜欢吃饺子。

（3）姐姐不喜欢吃鸡蛋。

（4）妈妈要去买菜。

（5）今天我们吃米饭。

（6）妈妈会做包子。

“完成句子”（第 93 页）：

（1）他很胖。他很瘦。

（2）我的裤子很短，哥哥的裤子很长。

（3）我的鞋很小，爸爸的鞋很大。

（4）红色的铅笔多，绿色的铅笔少。

“Tom 的购物清单”（第 94 页）：

Tom：今天我们买了三斤苹果、两斤青菜、一斤鸡蛋、一条红色的裙子（红裙子）、一条黄色的裤子（黄裤子）、一双白色的鞋（白鞋），一双蓝色的鞋（蓝鞋）。

“听录音找鞋”（第 95 页）：

爸爸的鞋是第四双；哥哥的鞋是第一双；姐姐的鞋是第三双；Tom 的鞋是第二双。

听力材料：

爸爸的鞋是蓝色的；哥哥的鞋是白色的；姐姐的鞋是红色的；Tom 的鞋是黄色的。

“分角色表演”（第 95 页）：

可模仿第 98—99 页“看图完成对话”的对话（2）和对话（3）。

“完成句子”（第 96 页）：

（1）这是爷爷第二次吃中国菜。

（2）这是 Tom 第一次去长城。

“看图完成对话”（第 98—99 页）：

（1）妈妈：先生，香蕉多少钱一斤？

卖水果的：两块。

妈妈：我要四斤。

卖水果的：八块。

妈妈：给你钱。

（2）妈妈：小姐，这双鞋怎么卖？

卖鞋的：一百八。

妈妈：太贵了，便宜点儿吧。

卖鞋的：您给一百二吧。

妈妈：行。

（3）爷爷：先生，这条裤子太短了，有长一点儿的吗？

卖裤子的：有。这条怎么样？

爷爷：这条很好，不长不短。我不喜欢这个颜色，有蓝色的吗？

卖裤子的：对不起，没有。有黑色的。

爷爷：好，我要一条。

五 教学小贴士

1. 春节

春节，也就是中国的新年，是中国最隆重的传统节日，时间是中国农历的正月初一。因为农历新年处在二十四节气中的“立春”前后，“立春”是春天开始的意思，所以把农历新年叫做春节。

为迎接新年的到来，人们在春节前很多天就开始做过年的准备工作了，如买年货、打扫房子卫生、贴春联、贴“福”字等。春节前商店或市场非常热闹，因为很多人要买年货。年货就是过年的时候吃的和用的东西，比如食品、春联、“福”字、年画、红灯笼、鞭炮等。春联是在红纸上写上美好的祝愿，贴在门上。“福”字指幸福、福气，人们在门楣上贴大大小小的“福”字，有的人还将“福”字倒过来贴，表示“福到了”。

春节活动一般从除夕开始，持续到正月十五。节日期间有很多有趣的习俗，如全家团聚、守岁、放鞭炮、吃饺子、拜年等。

按照中国的传统，春节时全家人要聚在一起过团圆节。春节的前一天晚上叫“除夕”，是除旧布新的意思，一家人要团聚在家中，吃年夜饭。很多人整夜不睡，等待新年的到来，这叫“守岁”。

除夕“子时”（零点）人们要吃饺子，这是取“更岁交子”的意思，就是新旧年交替从子时起的意思。“饺子”的名称就是由此得来的。

“爆竹声中一岁除”，除夕夜人们有放鞭炮的习俗。放鞭炮是为了驱散邪魔，祈求全年吉祥、安宁。

春节的早上，人们走亲访友，相互拜年。很多人用打电话、发微信的形式拜年。孩子给长辈拜年时会得到长辈事先准备好的压岁钱。据说压岁钱可以压住邪祟，因为“岁”与“祟”谐音，孩子们得到压岁钱就可以平平安安度过一岁。

此外，春节期间还会举行舞龙、舞狮、踩高跷等娱乐活动，增加节日的喜庆气氛。

2. 购物

在中国，人们购物可以去商店，也可以去市场。市场有农贸市场、服装市场、小百货市场等。在市场里卖东西的都是个体商贩，商品的价钱是灵活的，所以在市场买东西时可以跟摊主讨价还价。

六 一课一测 Assessment

（一）听录音，判断正误。 Listen to the recording and determine which is true or false (√/×).

下表第二栏内为图，第三栏由学生判断正误。上面的表为例子。听力材料前两句也为例子。

例如		√
	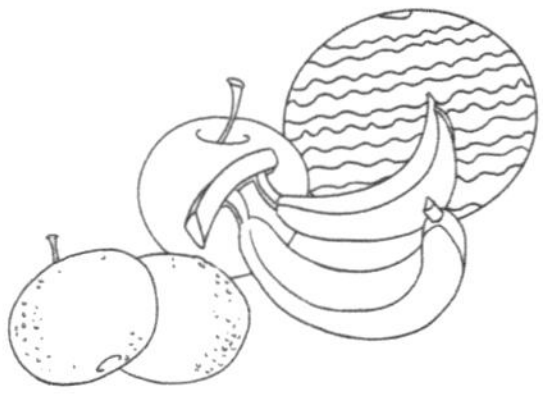	×

1.		
2.		

3.		
4.	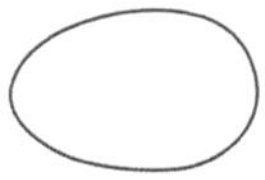	

（二）选择一个正确答案完成对话。 Choose the right answer to complete each dialogue below.

1. 女：你（　）去北京？
   男：我下星期一去北京。
   A 几点　B 几个　C 什么时候
2. 女：苹果（　）？
   男：四块一斤。
   A 几块　B 多少　C 怎么卖
3. 男：四斤苹果十六块。
   女：（　）你钱。
   A 要　B 给　C 买
4. 男：你想买什么？
   女：我想买一（　）鞋。
   A 件　B 双　C 条
5. 男：你看，这（　）裤子怎么样？
   女：太短了！
   A 件　B 双　C 条

6. 男：这是你做的饺子吗？

女：对，好吃吗？这是我（　　）做饺子。

A 一次　B 两次　C 第一次

7. 男：我（　　）了。

女：我们去吃饺子吧。

A 累　B 饱　C 饿

8. 男：我有五十本汉语书。

女：你的汉语书真不（　　）。

A 大　B 多　C 少

（三）根据情境说一说。　What would you say in the following situations?

Suppose you will attend a summer camp to China. During the trip you will meet some Chinese friends and go shopping in a market. What would you say in the following situations?

1.Tell your Chinese friends this is your first time to China.

2.You want to buy a pair of pants in a market. Ask the seller the price of the pants you want.

3.Tell the seller the pants you tried are too short, and ask if he or she has longer ones.

4.Tell the seller you do not like the color of the pants, and ask if he or she has black ones which you like.

5.You find the pants you want, but you think it is too expensive, so you bargain with the seller.

"一课一测"参考答案

（一）听录音，判断正误。

1. ×　2. √　3. √　4. ×

听力材料：

Example（例子）：

我喜欢吃饺子。

妈妈买了很多菜。

（1）姐姐很胖。

（2）奶奶的衣服太瘦了。

“一课一测”参考答案

（3）我的裤子很短。

（4）我喜欢吃水果。

（二）选择一个正确答案完成对话。

1.C　2.C　3.B　4.B　5.C　6.C　7.C　8.C

（三）根据情境说一说。

1. 这是我第一次来中国。

2. 这条裤子怎么卖？

3. 这条裤子太短了，有长一点儿的吗？

4. 我不喜欢这个颜色，有黑色的吗？

5. 这条裤子太贵了，便宜点儿吧。

第七课　你们学校远吗

一　教学目标

（一）话题

距离与交通

（二）功能

描述距离（远、近）、表达交通方式及从一个地方到另一个地方所用的时间

（三）语法

1.“的”字短语（动词 / 动词性短语 +“的”）
2. 时间副词“就”

（四）生词

1. 课文生词：
老虎、猴子（4）、远、骑（4）、自行车（4）、就、走路、近、坐（2）、校车（内）、要（2）、半、小时、公共汽车
2. 按词性分类词汇表：
动词：坐、要
名词：老虎、猴子、自行车、校车、公共汽车、小时
形容词：远、近
副词：就
数词：半

二 教学步骤

（一）导入

1. 导入方法：

问学生他们的家离学校远不远？今天是怎么来学校的？用了多长时间？由此引出本课话题与学习内容。

2. 本课学习任务：

学会教学目标中所列的功能项目。

3. 课文故事简介：

本课故事讲述的是 Tom 的爷爷、奶奶由看孩子们在学校的照片产生想去参观他们各自的学校的想法，从而引出他们的学校离家远不远、怎么去学校及用多长时间等相关话题。你知道 **Tom 的爷爷、奶奶打算怎么去他的学校**吗？**要用多长时间**？

（二）生词

1. 读生词：步骤略。
2. 熟悉与记忆生词：参见“四、教学活动”的“（一）词汇”部分 1。
3. 讲练生词：参见“三、教学重点和难点”的“（一）重点讲练词汇”。
4. 巩固生词：做《活动手册》第 58 页“连一连”。

（三）课文

1. 朗读课文：步骤略。
2. 帮助学生初步了解课文故事：教师提问课文故事简介中的问题（粗体字），学生回答。
3. 讲练“的”字短语，做教学活动语法部分活动 1—3、4（《活动手册》第 59 页“回答问题”）。
4. 练习功能：描述交通方式，做《活动手册》第 60 页“看图完成对话”。
5. 讲练副词 “就”，做教学活动语法部分活动 5、6、7（《活动手册》第 61 页“完成句子”）。
5. 检查对课文的理解及复习本课词汇和语言点，做《活动手册》第 63 页“听听判断”。

（四）交际与运用

做《活动手册》第 60 页“看图完成对话”、61 页“完成句子”。

（五）相关文化知识介绍

参见“五、教学小贴士”。

（六）学绕口令

做《活动手册》第 63 页“说说绕口令”。

三 教学重点和难点

（一）重点讲练词汇

1. 远、近
扩展：很远 / 近、不远 / 近、不太远 / 近
例句：

（1）你们学校远吗？——很远。/ 不远 / 不太远
（2）那个商店近吗？——很近。/ 不近 / 不太近

2. 骑
扩展：骑自行车
例句：

你怎么去学校？——我骑自行车去学校。

3. 坐
扩展：坐公共汽车、坐校车、坐飞机
例句：

（1）你每天怎么来学校？——我每天坐校车来学校。
（2）你怎么去商店？——我坐公共汽车去商店。

（3）你怎么去北京？——我坐飞机去北京。

4. 要

扩展：要多长时间、要几个小时

例句：

（1）坐公共汽车去学校要多长时间？——坐公共汽车去学校要半个小时。

（2）坐飞机去上海要几个小时？——坐飞机去上海要两个半小时。

（二）语法

1.“的”字短语（动词 / 动词性短语 +“的”）

除名词、代词、形容词外，动词或动词性短语也可以加“的”，构成“的”字短语。“的”字短语相当于一个名词，具有区别、限制的作用。例如：

（1）你写的是什么？（你写的字是什么？）——“日”和“月”。

（2）你画的是什么？（你画的画儿是什么？）——“太阳”和“月亮”。

使用“的”字短语应注意“的”字短语所指的人或事物必须是已知信息（比如上文出现过或不需指明听话人也清楚指的是什么）。例如：

这是你送我的吗？——对，这是我送您的生日礼物。

2. 时间副词“就”

“就”表示说话人认为事情发生得早、快或用的时间少。例如：

（1）今天早上我六点就起床了。

（2）车站在哪儿？——在那儿，走五分钟就到了。

“就”还表示“立刻”“马上”的意思，后面可以用“要”。例如：

（1）飞机就要到了。

（2）爷爷、奶奶就要来北京了。

四 教学活动

（一）词汇

1. 熟悉与记忆生词

本课词语的练习方法教师可参考附录《活动手册说明》“词语的练习方法”中“图片 / 卡片法”。

2. 讲练生词：

参见“三、教学重点与难点”的“（一）重点讲练词汇”。

3. 巩固生词

做 《活动手册》第 58 页“连一连”。

（二）语法

1.“的”字短语（动词 / 动词性短语 +“的”）

◆ 活动 1

活动目的：通过动作演示帮助学生理解并掌握由动词或动词性短语 +“的”构成的“的”字短语的用法（练习句式：“Sb.+V.+ 的是…”）。

活动准备：

（1）准备一杯水、一本汉语书。

（2）准备四张纸条，每张纸条上各写一个指令。其中两张纸条上的指令要求学生各写一个汉字，如“写‘上’”“写‘下’”，另外两张要求学生各画一张画儿，如“画一个苹果”“画一个香蕉”。

活动步骤：

（1）叫四个学生到教室前面各抽一张纸条，学生根据纸条上的指令在黑板上或写汉字，或画画儿。

（2）四个学生（假定为 A、B、C、D）完成纸条上的指令后，教师指着 A 写的汉字问一个学生“A 写的字是什么？”，学生回答后教师再用“的”字短语问“A 写的是什么？”。

（3）说明动词或动词性短语加“的”构成“的”字短语的用法。“A 写的是什么？”就是“A 写的字是什么？”。

（4）分别指着黑板上学生 B、C、D 写的字或画的画儿问“……写（画）的是什么？”，引导学生练习用“的”字短语来表达。

（5）教师再做其他动作，引导学生用“的”字短语表达。比如教师拿起事先准备的水喝一口，问学生“老师喝的是什么？”，教师拿起桌上的汉语书做看书的样子，问学生“老师看的是什么？”。

◆ 活动 2：

活动目的：通过句式变换帮助学生熟练掌握“的”字短语（动词 / 动词性短语 +“的”）的结构特点。

活动准备：

准备一些可变成“的”字短语的句子。句子可以写在纸上，也可以用 PowerPoint 制作成幻灯片的形式。句子参考如下（破折号后面的句子为学生所要回答的）：

你写的字（画的画儿 / 吃的东西）是什么？——你写的（画的 / 吃的）是什么？

你看的书是什么书？——你看的是什么书？

我看的书是汉语书。——我看的是汉语书。

这是谁写的字（画的画儿 / 买的蛋糕 / 做的饺子）？——这是谁写的（画的 / 买的 / 做的）？

这是妈妈做的面条。——这是妈妈做的。

这是爸爸给我买的书。——这是爸爸给我买的。

这是朋友送给我的礼物。——这是朋友送给我的。

活动步骤：

（1）把学生分为两组。

（2）每次出示一个句子，学生要变成用“的”字短语的句子。

（3）两组学生抢答，答对的组得一分，得分多的组获胜。

◆ 活动 3：

活动目的：通过问答帮助学生巩固“的”字短语（动词 / 动词性短语 +“的”）的用法（练习句式：“这（不）是 Sb.+V. + 的”）。

活动步骤：

（1）分别叫两、三个学生到黑板上写汉字、画画儿。

（2）假设写汉字的学生为 A、B、C，教师指着学生 A 写的字问一个学生“这是 A 写的吗？”，学生回答“是”，教师再指着这个字问另一个学生“这是 B 写的吗？”，学生回答后，教师领着全班学生说一遍正确的表达“这不是 B 写的。这是 A 写的”。

（3）以同样的方法，教师再指着黑板上其他字或画儿问学生，“这是……写（/ 画）的吗？”引导学生用“这不是……写（/ 画）的。这是……写（/ 画）的”来回答。

◆ 活动 4

活动目的：帮助学生进一步巩固本课“的”字短语的用法。

做《活动手册》第 59 页“回答问题”。

2. 时间副词“就”

◆ 活动 5

活动目的：通过描述动作行为（发生得早、用的时间少）导入语言点，并帮助学生理解、掌握时间副词“就”的用法。

活动步骤：

（1）问几个学生每天几点到学校，然后让学生找出到校最早的时间，比如七点。让学生用一个句子来描述，学生可能说“……（学生名字）七点到学校”，教师告诉学生可以这样说“……七点就到学校了”。

（2）再问几个学生每天怎么来学校，用多长时间，然后让学生找出来学校用的最短时间及交通方式，比如坐车，用十分钟。让学生用一个句子来描述，学生可能说“……（学生名字）坐车来十分钟到”，教师告诉学生可以这样说“……坐车来十分钟就到了”。

（3）问学生为什么上面两个句子可以用“就”，引导学生总结“就”的用法，最后教师说明“就”的用法及在句中的位置。

（4）问几个学生每天几点起床（睡觉），然后让学生找出最早的时间，引导学生用“就”说一个句子，如“……每天……点就起床（睡觉）”。

（5）问学生去学校附近的一个地方，比如超市，可以用什么交通方式去及所用的时间，让学生找出所用最短时间及交通方式，引导学生用“就”来表达，如“坐车去……分钟就到了”。

◆ 活动 6

活动目的：通过时间对比帮助学生进一步掌握时间副词“就”的用法。

活动准备：

准备一些纸条，三张纸条为一组。组数与学生人数相同。第一张写问题，几点做什么事或做什么事用多长时间；另外两张写回答信息，其中一张为时间早或所用的时间短的信息，另一张为时间晚或所用的时间长的信息。问题可重复使用，而回答信息要有所不同。问题及回答信息参考如下：

你每天几点起床？——六点、七点

你每天几点睡觉？——九点、十点

你每天几点到学校？——七点、八点

你坐车来学校多长时间到？——十分钟、二十分钟

活动步骤：

（1）把学生分为三人一组，每次请一组学生到教室前面做练习（分组方法可参照附录“课堂活动中学生的分组方法”）。假设三个学生分别为A、B、C，教师指定学生A抽一组纸条，然后把这组中写有问题的纸条给这个学生，请他读问题，学生B和C则各抽一张回答信息纸条，根据纸条上的信息回答，然后学生A根据这两个学生的回答用“就”说一个句子。

例如，三个学生所抽到的纸条分别为：A“你坐车来学校多长时间到？”、B“十分钟”、C“二十分钟”。学生A提问，学生B和C分别回答“我坐车来学校十分钟到”“我坐车来学校二十分钟到”，然后学生A说“B坐车来学校十分钟就到了”。

（2）其他学生要判断做练习的学生说得是否正确。

（3）让三个学生交换角色，抽另一组纸条做练习，以便每个学生都有练习用“就”表达的机会。

（4）一组学生做完练习后，教师换另一组学生到教室前面做练习。

◆ **活动7**

活动目的：帮助学生巩固“就”的用法。

做《活动手册》第61页“完成句子”。

（三）《活动手册》说明

1. 练习目的及方法

“回答问题”（第59页）：本课语言点“的”字短语用法的练习。

“看图完成对话”（第60页）：本课功能（表达交通方式）的练习。

“完成句子”（第61页）：本课语言点时间副词“就”用法的练习。要求学生根据插图内容仿照例句完成句子，要注意把“就”放到合适的位置上。

“看图完成对话”（第62页）：本课功能（描述距离、表达交通方式及从一个地方到另一个地方所用的时间）的练习。

“听听判断”（第63页）：本课课文的综合练习。

“分角色表演”（第63页）：本课功能（描述距离、表达交通方式及从一个地方到另一个地方所用的时间）的交际性练习。教师可让学生仿照第62页“看图完成对话”中的对话，并根据自己的实际情况进行会话练习。

“说说绕口令”（第 63 页）：本课课文中出现一些数字，通过绕口令可以帮助学生练习容易混淆的这几个数字——“四”“十”“十四”和“四十”的发音。

2. 练习参考答案

“回答问题”（第 59 页）：

（1）我写的是“大”和“小”。

（2）我画的是熊猫。

（3）我吃的是饺子。

（4）我喝的是茶。

（5）这是妈妈买的。

（6）这是贝贝和心爱送给我的。

“看图完成对话”（第 60 页）：

（1）我骑自行车去学校。

（2）我坐校车去学校。

（3）我走路去超市。

（4）我坐公共汽车去商店。

（5）我坐飞机去上海。

（6）我爸爸开车来学校。

“完成句子”（第 61 页）：

（1）我每天七点五十到教室。老师每天七点就到教室。

（2）我每天十点睡觉。爷爷每天八点半就睡觉。

（3）我每天六点半起床。妈妈每天五点半就起床。

（4）坐公共汽车去学校四十分钟到。坐校车去学校十五分钟就到了。

“听听判断”（第 63 页）：

（1）F　（2）F　（3）F　（4）F　（5）F　（6）F　（7）F

听力材料：

（1）老师写的是“日”和“月”。

（2）Tom 画的是老虎，贝贝画的是猴子。

（3）哥哥坐校车去学校十分钟就到了。

（4）姐姐骑自行车去学校二十分钟就到了。

（5）哥哥的学校很远，Tom 的学校很近。

（6）Tom 每天坐公共汽车去学校。

（7）坐公共汽车去 Tom 的学校要半个小时。

“看图完成对话”（第 62 页）：

（1）Tom：你们学校远吗？

莉莉：不远，坐公共汽车去十分钟就到了。

（2）莉莉：你们学校近吗 / 近不近？

Tom：不太近。

莉莉：你每天怎么去学校？

Tom：我坐校车去学校。

莉莉：坐校车去要多长时间？

Tom：四十五分钟。

“分角色表演”（第 63 页）

参考如下：

A：你们学校远吗？

B：不远。

A：你每天怎么去学校？

B：我骑自行车去学校。

A：骑自行车去学校要多长时间？

B：十分钟。

A：你们学校远吗？

B：很远。

A：你每天怎么去学校？

B：我坐公共汽车去学校。

A：坐公共汽车去学校要多长时间？

B：四十分钟。

五 教学小贴士

1. 书法和国画

书法和国画是中国古老的艺术形式。

中国书法是汉字的书写艺术，历史十分悠久。它不仅仅是写字的方法，更是一种独特的线条艺术，可以表现人的品格、情操等。

“国画”是中国画的简称，是中国人独特的审美方式的体现。它不同于西洋画注重“形似”，而追求“神似”，以形写神。国画按题材可以分为三种：人物画、山水画、花鸟画。

书法与国画的创作过程中都使用笔、墨、纸、砚这四种工具，称为“文房四宝”。

2. 中国的交通

中国人出行的交通工具种类很多，有公共汽车、地铁、自行车、出租车、电车、私家车、火车、飞机等。过去，自行车是最重要的交通工具。人们将中国比喻成自行车的王国。随着中国经济的发展，私家车越来越多。交通拥挤则成了北京这样的大城市一个日益严重而急需解决的问题。在上下班的交通高峰时间，很多交通路口都有交通警察维持秩序。现在越来越多的市民出行喜欢使用公共交通，比如地铁、公共汽车等。

近些年来中国高速铁路发展很快，大大缩短了来往于城市间的时间。火车、高铁是中国人往来于城市间的主要交通工具。

六 一课一测 Assessment

（一）根据听到的内容选出相应的图片。 Listen to the recording and choose the right picture for each dialogue.

A 

B 

C 

D 

E 

1. ☐
2. ☐
3. ☐
4. ☐
5. ☐

（二）选择一个正确答案完成对话。 Choose the right answer to complete each dialogue below.

1. 女：你画的是什么？
   男：（　）。
   A 哥哥的　B 红色的　C 太阳和月亮
2. 男：你每天几点起床？
   女：我每天五点半（　）起床。
   A 都　B 也　C 就
3. 女：你们学校远吗？
   男：（　），骑自行车去十分钟就到了。
   A 很远　B 不远　C 不近
4. 男：你们学校近吗？
   女：不近，坐公共汽车去要（　）。
   A 五分钟　B 十分钟　C 半个小时

（三）根据情境对话。 Make a dialogue according to the situation below.

You are visiting Beijing with your family. Today you are going to buy some gifts, and you learned that there was a market named Silk Market (“Xiùshuǐ Shìchǎng” in Chinese) which was very popular. However, you do not know where it is, so you ask the receptionist of the hotel where you are living, if Silk Market is far from the hotel, how you can get there, and how long it will take you to go there. The receptionist tells you that the market is not far, and it will take you 15 minutes to go there by bus.

“一课一测”参考答案

（一）根据听到的内容选出相应的图片。

1.B　2.D　3.A　4.E　5.C

听力材料：

1. 男：你每天怎么去学校？
   女：我坐校车去学校。
2. 女：你怎么去超市？
   男：我骑自行车去超市。
3. 男：你怎么去商店？
   女：我坐公共汽车去商店。
4. 女：你怎么去北京？
   男：我坐飞机去北京。
5. 女：你怎么去医院？
   男：我开车去医院。

（二）选择一个正确答案完成对话。

1.C　2.C　3.B　4.C

（三）根据情境对话。

参考如下：

A：秀水市场远吗？

B：不远。

A：怎么去那儿？

B：可以坐公共汽车去。

A：坐公共汽车去要多长时间？

B：十五分钟。

第八课　你喜欢什么运动

一 教学目标

（一）话题

运动及爱好

（二）功能

谈论运动及爱好，描述动作行为（好、快、慢等）、表达数量、描述性别

（三）语法

1. “在……呢”

2. 情态补语

（1）动词 + 得 + 情态补语

（2）动词 + 宾语 + 动词 + 得 + 情态补语

（3）疑问式：动词 + 宾语 + 动词 + 得 + 怎么样 / 动词 + 宾语 + 动词 + 得 + 情态补语 + 不 + 情态补语

（4）否定式：动词 + 宾语 + 动词 + 得 + 不 + 情态补语

（四）生词

1. 课文生词：

打、篮球、得、运动、踢、足球、游泳、跑步、慢、唱歌、跳舞、女、男、千、百、班

补充生词：

晚（内）、棒球（外）、橄榄球（外）、网球（4）、羽毛球（外）、排球（4）、乒乓球（4）、太极拳（外）

2. 按词性分类词汇表：

动词：打、运动、踢、游泳、跑步、唱歌、跳舞

名词：篮球、足球
形容词：慢、女、男
数词：千、百
助词：得

（五）汉字

百、千

二 教学步骤

（一）导入

1. 导入方法：
教师问学生喜欢什么运动、有什么爱好？由此引出本课话题与学习内容。
2. 本课学习任务：
学会教学目标中所列的功能项目。
3. 课文故事简介：
本课讲述的是 Tom 领爷爷、奶奶参观自己的学校的故事。你能猜出**他们都参观了什么地方**吗？ **Tom 的小伙伴们做什么呢**？

（二）生词

1. 读生词：步骤略。
2. 熟悉与记忆生词：参见“四、教学活动”的“（一）词汇”部分 1。
3. 讲练生词：参见“三、教学重点和难点”的“（一）重点讲练词汇”。
4. 巩固生词：做《活动手册》第 64 页“连一连”。

（三）课文

1. 朗读课文：步骤略。
2. 帮助学生初步了解课文故事：教师提问课文故事简介中的问题（粗体字），学生回答。
3. 讲练“在……呢”，做教学活动语法部分活动 1—5、6（《活动手册》第 65 页“他们在做什么呢？”）、7（《活动手册》第 64 页“听听判断”）。
4. 讲练情态补语，做教学活动语法部分活动 8—16、17（《活动手册》第 66 页

“完成句子”）、18（《活动手册》第67页“猜一猜他是谁”）。

5. 检查对课文的理解及复习本课词汇和语言点，做《活动手册》第70页“听听判判”。

（四）交际与运用

做《活动手册》第67页“分角色表演”、68—69页“看图完成对话”。

（五）相关文化知识介绍

参见“五、教学小贴士”。

（六）学汉字：“百、千”

做《活动手册》第70页“写一写”。

（七）学歌谣：两只老虎

做《活动手册》第71页“唱一唱”。

三 教学重点和难点

（一）重点讲练词汇

1. 打

扩展：打篮球 / 棒球 / 橄榄球 / 网球 / 羽毛球 / 排球 / 乒乓球 / 太极拳

例句：

你喜欢什么运动？——我喜欢打篮球。

2. 踢

扩展：踢足球

3. 游泳、跑步、唱歌、跳舞

汉语中有一部分双音节动词有时可以拆开使用，中间可插入其他成分，如动态助词（“着”“了”“过”）、数量短语等，这类动词叫离合词。离合词大部分都是动宾结构，如“游泳、跑步、唱歌、跳舞、起床、睡觉、洗澡”等。离合词一般不能再带宾语。离合词带状态补语时，要重复其前面的动词性语素。

例句：

（1）我每天跑半个小时步。/ 他跑步跑得很快。
（2）我今天游了一个小时泳。/ 他游泳游得很好。

4. 千、百
注意：2,000 只能读“两千”，而 200 可以读“二百”，也可以读“两百”。
5. 男、女
“男”“女”都可加“的”构成“的”字短语，相当于名词“男人”“女人”。
扩展：男的、女的、男学生、女学生
例句：

（1）这边是男的（男洗手间），那边是女的（女洗手间）。
（2）那个男的是谁？——他是我哥哥。
（3）我们班有八个男学生，十个女学生。

（二）语法

1. “在……呢”
动词前加副词“在”或在句尾加“呢”，表示动作正在进行。“在”也可以和“呢”同时使用。
例如：

（1）你在做什么呢？——我在看电视呢。
（2）你在看什么书呢？——我在看汉语书呢。

否定形式可以单独用“没有”，或“没在 +V”“没（有）+V”。例如：

哥哥在打篮球吗？——没有。/ 没有，他在踢足球。/ 他没在打篮球，他在踢足球。/ 他没（有）打篮球，他在踢足球。

注：本系列教材 2B 第 12 课出现过“……呢”这个句式，为便于学生掌握，本课可暂不介绍“没在 +V”这种否定形式，而只让学生掌握“没（有）+V”这种否定形式。

正在进行的动作可以发生在现在，也可以发生在过去或将来。例如：

昨天晚上七点你在做什么呢？——昨天晚上七点我在吃饭呢。

2. 情态补语

动词或形容词后面的补充说明成分叫补语。用以描述或评价动作或行为所达到的状态的补语叫作情态补语，一般由形容词或形容词性短语充当，动词和情态补语之间要用结构助词“得”来连接。状态补语所描述、评价的动作或行为可以是经常性的，也可以是已经发生或正在进行的。形容词充当情态补语时跟做谓语一样，肯定式一般前面要加“很”，但“很”表示程度的作用很弱。

格式：V+ 得 +Adv+A

例如：

（1）我今天来得很早。

（2）你写得很快。

否定形式是在情态补语前加“不”。

格式：V+ 得 + 不 +A

例如：

我说得不好。

一般特指疑问式是把疑问代词“怎么样”放在“得”后来提问。

格式：V+ 得 + 怎么样？

例如：

（1）昨天你休息得怎么样？

（2）今天你们玩得怎么样？

正反疑问式是并列情态补语的肯定形式和否定形式。

格式：V+ 得 +A+ 不 A

例如：

（1）他画得好不好？

（2）你走得快不快？

动词后如果带宾语，一般在宾语后重复动词，再加“得”和情态补语。

格式：V + O + V + 得 + Adv+A

例如：

（1）莉莉跳舞跳得怎么样？——莉莉跳舞跳得很好。

（2）你游泳游得快不快？——我游泳游得不快。

第一个动词常常可省略，即把宾语放在动词之前。

格式：O + V + 得 + Adv+A

例如：

（1）贝贝篮球打得怎么样？——贝贝篮球打得很好。

（2）你汉语说得好不好？——我汉语说得不太好。

省略第一个动词这种形式，本课可暂不要求学生掌握。

四 教学活动

（一）词汇

1. 熟悉与记忆生词

本课词语的练习方法教师可参考附录《课堂活动方法》“词语的练习方法”中“图片 / 卡片法”。动词的练习方法还可参考“动作法”。

2. 讲练生词

参见“三、教学重点与难点”的“（一）重点讲练词汇”。

3. 巩固生词

做《活动手册》第 64 页“连一连”。

（二）语法

1.“在……呢”

◆ **活动 1**

活动目的：通过动作演示帮助学生理解并掌握“在……呢”表示动作正在进行的用法。

活动准备：准备一本书和一杯水，放在讲桌上。

活动步骤：

（1）教师边在黑板上画画儿，如苹果、香蕉，边问学生“老师在做什么呢？”，也可问“老师在画画儿呢吗？”。

（2）教师说明“在 + 动词 + 宾语 + 呢”表示动作正在进行。

（3）边做动作，边问学生“老师在做什么呢？”，引导学生用“在……呢”来表达。动作参考如下：

在黑板上写几个汉字，如“上、下、大、小”；拿起事先准备的书，做看书的样子；拿起事先准备的水，做喝水的动作。

◆ **活动 2**

活动目的：通过动作演示帮助学生熟练掌握用“在……呢”表达动作正在进行的用法。

活动准备：准备一些写有动作性动词或动宾短语的卡片，每张卡片写一个词语。例如“吃饭、喝水、看书、写字、画画儿、打电话、唱歌、跳舞、打篮球、踢足球、跑步、骑自行车”。

活动步骤：

（1）把学生分为三人一组（分组方法可参照附录“课堂活动中学生的分组方法”），然后让每个组分别到教室前面做练习。

（2）假设每组的三个学生分别为 A、B、C。学生 A 抽一张卡片，根据卡片上的信息做动作，学生 B 问学生 C“他在做什么呢？”，学生 C 根据学生 A 所做的动作用“他在……呢”来回答。学生 A 判断学生 C 的回答是否正确。如果回答错误，教师可让坐在下面的学生来纠正。最后学生 A 出示卡片，说出正确的表达“我在……呢”。

（3）根据学生的练习情况和时间，教师可让每一组学生再交换角色做练习。

（4）教师可给予没有错误的小组和纠错后表达正确的学生小奖励。

（5）方法同上，教师换另一组学生做练习。

◆ 活动 3

活动目的：通过动作演示导入“在……呢”的否定形式，并帮助学生初步掌握否定式。

活动准备：可使用活动 1 中的水和书。

活动步骤：

（1）教师边做喝水的动作边问学生“老师在吃饺子呢吗？”，学生可能回答得不正确，教师给出正确的表达“老师没吃饺子，老师在喝水呢”。

（2）教师说明“在……呢”的否定式是“没（有）+ 动词 + 宾语”。

（3）边做看书的样子边问学生“老师在写字呢吗？”，引导学生用否定式回答。

（4）问一个学生“你在做什么呢？”，比如学生回答“我在上课呢”，或“我在学习汉语呢”。教师边指着这个学生边问其他学生“他在画画儿（看书 / 写字 / 喝水 / 吃饭）呢吗？”，引导学生用否定式回答。

◆ 活动 4

活动目的：通过根据信息提示所做的问答练习帮助学生熟练掌握“在……呢”的否定式。

活动准备：可利用活动 2 的卡片。

活动步骤：

（1）先与一个学生做示范表演。教师和学生各抽一张卡片。教师根据卡片上的信息，如“写字”，问“你在写字呢吗？”，学生根据自己卡片上的信息，如“吃饭”，回答“我没写字，我在吃饭呢”。

（2）把学生分为两人一组（分组方法可参照附录“课堂活动中学生的分组方法”），分别到教室前面仿照前面师生所做的示范做问答练习。一个学生问，另一个学生回答，然后两个学生交换角色。

（3）每组做完问答后，教师可根据其对话内容向其他学生提问，以检查学生的听力理解与注意力是否集中。例如“……在看书呢吗？”。

◆ 活动 5

活动目的：通过交际性问答帮助学生掌握用“在……呢”表示过去时间的动作正在进行。

活动步骤：

（1）问一个学生“昨天晚上七点你在做什么呢？”，学生根据实际情况回答，比如“昨天晚上七点我在吃饭呢”。

（2）教师说明用“在……呢”也可表示过去时间的动作正在进行。

（3）可让学生按座位顺序做“昨天晚上七点你在做什么呢？”的问答练习，前一个学生问，后一个学生回答。在活动过程中，教师根据情况可更换问题中的时间，如说“昨天晚上八点”，然后学生用教师所说的新的时间做问答练习。

（4）在活动中教师给全班学生一个任务：找出昨天晚上七点（或其他时间）有没有学生在做同样的事情。

（5）学生做完问答练习后，教师让学生用“在……呢”回答教师所布置的任务。例如“昨天晚上七点 Tom 和贝贝在看电视呢”。

（6）教师可给予最先说对的学生小奖励。

◆ 活动 6

活动目的：帮助学生巩固“在……呢”的用法。

做《活动手册》第 65 页“他们在做什么呢”。

◆ 活动 7

活动目的：帮助学生进一步巩固“在……呢”的用法。

做《活动手册》第 64 页“听听判断”）。

2. 情态补语

◆ 活动 8

活动目的：通过情境对比帮助学生理解情态补语的用法，并初步掌握情态补语肯定式的用法。

活动步骤：

（1）问几个学生“你每天几点睡觉？”，并把时间列在黑板上，如“9:00pm.、10:00pm.、10:30pm.”。如果没有比较晚的时间，教师可以这样说“老师每天十二点睡觉”，并把时间写在黑板上。教师分别指着最早和最晚的时间，如“9:00pm.”“12:00pm.”，问学生“九点早吗？”“十二点晚吗？”，然后再问“……（九点睡觉的学生名字）睡得早吗？”“老师睡得晚吗？”。学生可能不知道怎么回答，教师给出正确的表达“……睡得很早”“老师睡得很晚”。

（2）教师以上面的例子说明情态补语的用法。

（3）问几个学生“你每天几点到学校？”，并把时间列在黑板上，其中要有比较早和比较晚的时间，然后教师再分别问学生“谁来得很早？”“谁来得很晚？”，引导学生练习用情态补语表达。

（4）教师在黑板上写汉字，有的字写得很漂亮，有的字写得很快，有的字写得很慢，分别问学生“老师写得好吗？”“老师写得快吗？”“老师写得慢吗？”，引导学生用情态补语“好”“快”“慢”来表达。

（5）教师设置情境，引导学生用情态补语“多”和“少”来表达。教师可以这样说“昨天老师吃了 20 个饺子”，然后问“老师吃得多吗？”，学生回答后教师再说“今天老师吃了两个饺子”，然后问“老师吃得少吗？”。

◆ 活动 9

活动目的：通过情境设置帮助学生熟练掌握情态补语肯定式的用法。

活动准备：

（1）准备不少于学生人数的纸条。每张纸条上写一个句子，每个句子要有时间状语或数量短语。

注意：句子要使用不同的动词，如“睡觉”“起床”“来”“吃”“喝”；时间词要有早、有晚；表示数量的词要有多有少。

句子参考如下：

我每天晚上八点睡觉。

我每天早上五点半起床。

我每天七点来学校。

我每天早上六点半吃饭。

我昨天晚上吃了二十五个饺子。

我每天晚上十二点睡觉。

我每天早上七点半起床。

我每天八点半来学校。

我每天晚上八点半吃饭。

我昨天晚上吃了一个包子。

（2）准备为学生分组的数字纸条或数学题，可参照附录“课堂活动中学生的分组方法”中的“按相同数字分组”或“按相同答案分组”的分组准备。

活动步骤：

（1）先与一个学生做示范表演。教师让学生抽一张纸条并读出纸条上的句子，教师根据句子内容用情态补语“早”“晚”“多”“少”等来评价。比如句子是“我每天晚上八点睡觉”，教师则说“你每天晚上睡得很早”；句子是“我昨天晚上吃了一个包子”，教师则说“你昨天晚上吃得很少”。

（2）把学生分为两组做练习。分组方法可参照附录“课堂活动中学生的分组方法”中的“按相同数字分组”或“按相同答案分组”。

（3）让两组学生按抽到的数字或数学题答案的数字从小到大的先后顺序依次到教室前面，依照前面师生所做的示范做练习。如抽到数字“1”或数学题答案是“1”的两个学生第一个做练习。

（4）教师可让一组学生先抽一张纸条，然后读句子，二组学生用情态补语来评价，然后两个学生交换角色，重新抽纸条做练习。

（5）其他学生要判断做练习的两个学生说得是否正确。说得正确的学生为其所在的组得一分。得分多的组获胜。

◆ 活动 10

活动目的：通过情境设置导入并帮助学生掌握情态补语否定式的用法。

活动准备：

（1）利用活动 9 的纸条。

（2）利用活动 9 中用于分组的数字纸条或数学题。

活动步骤：

（1）用很慢的语速对学生说一个句子，如“你每天几点起床？”，然后再问“老师说得快吗？”。学生可能回答得不正确，教师给出正确的表达“老师说得不快”。

（2）教师以上面的例子说明情态补语的否定形式。

（3）设置情境，引导学生练习用情态补语的否定式回答。比如：“老师每天五点起床。老师起得晚吗？”“老师今天早上喝了一杯茶。老师喝得多吗？”。

（4）利用活动 9 的纸条与一个学生做示范表演。让学生抽一张纸条并读出纸条上的句子，教师用情态补语的否定式来评价。例如句子是“我每天晚上八点睡觉”，教师则说“你每天晚上睡得不晚”；句子是“我昨天晚上吃了一个包子”，教师则说“你昨天晚上吃得不多”。

（5）参照活动 9 的分组练习方法，教师让学生按数字从小到大的先后顺序依次到教室前面依照前面师生所做的示范做练习。

◆ 活动 11

活动目的：通过句式变换导入并帮助学生掌握情态补语的正反疑问式。

活动步骤：

（1）教师问一个学生“你今天来得早吗？”，学生回答后教师再问“你今天来得早不早？”。

（2）教师说明情态补语的正反疑问式的结构特点。

（3）教师说用“吗”来提问的带情态补语的句子，学生变为正反疑问式。教师可让学生进行抢答练习。最先说对的学生可获得小奖励。句子参考如下：

你昨天睡得早（晚／好）吗？

你昨天晚上吃得好（多）吗？

老师说得快（慢）吗？

◆ 活动 12

活动目的：通过交际性问答帮助学生巩固情态补语的肯定式、否定式与正反疑问式。

活动准备：

（1）教师准备一些卡片，每张卡片上写有时间、动词、形容词，例如“今天 来 早（晚）”“今天 起 早（晚）”“昨天 睡 早（晚／好）”“昨天晚上 吃 好（多）”。

（2）教师可利用活动 9 中用于分组的数字纸条或数学题。

活动步骤：

（1）教师先与一个学生做示范表演。教师抽出一张卡片，展示给全班学生，然后用卡片上的词语说一个带情态补语的正反疑问句，如卡片内容是“昨天晚上 吃 好”，教师则问“昨天晚上你吃得好不好？”，学生根据实际情况回答。

（2）参照活动9的分组练习方法，教师让学生按数字从小到大的先后顺序依次到教室前面依照前面师生所做的示范做练习。

（3）教师可先让一组学生抽卡片、提问，二组学生根据实际情况回答，然后两个学生交换角色，重新抽卡片，进行问答练习。

（4）其他学生要判断做练习的两个学生说得是否正确。说得正确的学生为其所在的组得一分。得分多的组获胜。

◆ 活动 13

活动目的：通过情境设置导入带情态补语的句子动词带宾语的表达（V+O+V+得 +Adv+A），并通过根据信息提示说句子来帮助学生掌握此句型的肯定式与否定式。

活动准备：

（1）准备一些卡片，每张卡片上写动词、宾语和情态补语。参考如下：

说 汉语 好 / 写 字 快 / 画 画儿 好 / 打 篮球 好 / 踢 足球 好 / 骑 自行车 快 / 吃 午饭 好 / 吃 饺子 多 / 喝 可乐 少

（2）准备与学生人数相同的纸条，在每张纸条上按“1”“2”“3”数字从小到大顺序写一个数字。

活动步骤：

（1）设置情境，导入带情态补语的句子动词带宾语的形式。教师可以这样说“老师昨天吃了20个饺子和1个包子”，然后问学生“老师昨天吃饺子吃得多不多？”，接着再问“老师昨天吃包子吃得多不多？”，学生回答后教师说一遍正确的表达“老师昨天吃饺子吃得很多”“老师昨天吃包子吃得不多”。

（2）教师说明带情态补语的句子谓语动词后有宾语的形式。

（3）教师设置其他情境，引导学生练习用上述句式表达。比如教师说“老师昨天喝了8杯水和1杯果汁”，然后问“老师昨天喝水喝得多不多？”，再问“老师昨天喝果汁喝得多不多？”。

（4）让每个学生抽一张数字纸条，学生按纸条上数字从小到大的顺序依次到教室前面做练习。

（5）可先与一个学生做示范表演。假设学生与教师抽到的数字分别为“1”和“2”。学生抽一张卡片，如“说 汉语 好”，然后根据卡片上的信息说一个带情态补语的句子，如“我说汉语说得很好”，教师先把上述句子改成否定式，如“我说汉语说得不好”，然后另抽一张卡片，再根据卡片信息说一个句子。学生依照此方法进行练习。

◆ 活动 14

活动目的：通过根据信息提示说句子帮助学生掌握动词是离合词的带情态补语的句子的表达。

活动准备：准备一些卡片，每张卡片写一个离合词和一个情态补语，例如："睡觉 很晚""起床 很早""游泳 很快""跑步 很慢""唱歌 很好""跳舞 不好"。

活动步骤：

（1）抽取两张卡片，比如"睡觉 很晚""游泳 很快"，分别展示给学生，让学生根据卡片信息说句子。学生可能会说"我睡觉得很晚""我游泳得很快"，教师说出正确的表达"我睡觉睡得很晚""我游泳游得很快"。

（2）教师举出学生所学过的离合词，如"睡觉、起床、游泳、跑步、唱歌、跳舞"，说明以上动词带情态补语时要拆开使用，如"我起床起得很早""我跑步跑得很快""我唱歌唱得很好"。

（3）把学生分成两组。教师随意抽取一张卡片，两组学生根据卡片上的信息说一个带情态补语的句子。最先说对的学生为其所在的组赢得一分。得分多的组获胜。

（4）再重新出示一遍卡片，领着学生说一遍正确的表达。

◆ 活动 15

活动目的：通过情境设置导入情态补语的一般特指疑问式（把疑问代词"怎么样"放在"得"后来提问），并通过句式变换帮助学生掌握这一表达。

活动步骤：

（1）问一个学生"你写字写得好不好？"，比如学生回答"我写字写得很好"，然后教师再问"你写字写得快不快？"，比如学生回答"我写字写得很快"；然后教师再问其他学生"他写字写得怎么样？"，学生可能回答"他写字写得很好""他写字写得很快"，教师说明回答得都对，这两种回答都可以用"怎么样"来提问。

（2）教师说一些情态补语的正反疑问式的句子，学生变为用"怎么样"来提问的一般特指疑问式。教师可让学生进行抢答。句子参考如下：

你说汉语说得好不好？ / 你打篮球打得好不好？ / 你唱歌唱得好不好？

你游泳游得快不快？ / 你骑自行车骑得快不快？

◆ 活动 16

活动目的：通过根据信息提示所做的交际性问答帮助学生熟练掌握情态补语的一般特指疑问式，并学会灵活运用情态补语。

活动准备：

（1）准备一些卡片，每张卡片写一个动宾短语。例如"说汉语 / 写字 / 画画儿 /

唱歌 / 跳舞 / 游泳 / 跑步 / 踢足球 / 骑自行车 / 打篮球 / 打棒球 / 打橄榄球”。

（2）利用活动 13 的数字纸条。

活动步骤：

（1）同活动 13，教师让每个学生抽一张数字纸条，学生按纸条上数字从小到大的顺序到教室前面做练习。

（2）教师可先与持数字“1”的学生做示范表演。教师先抽一张卡片，如“唱歌”，然后用情态补语的一般特指疑问式提问“你唱歌唱得怎么样？”，学生根据实际情况回答。然后学生抽一张卡片，根据卡片上的信息向持数字“2”的学生提问。学生依照此方法练习，直到每一个学生都做过问答练习。

◆ 活动 17

活动目的：帮助学生进一步巩固情态补语的用法。

做《活动手册》第 66 页“完成句子”。

◆ 活动 18

活动目的：帮助学生学会灵活运用情态补语。

做《活动手册》第 67 页“猜一猜他是谁”。

（三）《活动手册》说明

1. 练习目的及方法

“听听判断”（第 64 页）：本课语言点“在……呢”用法的练习。

“他们在做什么呢”（第 65 页）：本课语言点“在……呢”用法的练习。要求学生根据插图内容用“在……呢”完成句子。

“完成句子”（第 66 页）：本课语言点情态补语（动词 + 宾语 + 动词 + 得 + 情态补语）用法的练习。

“猜一猜他是谁”（第 67 页）：本课语言点情态补语用法的交际性练习。

“分角色表演”（第 67 页）：本课功能（谈论运动及爱好，描述动作行为好、快、慢等，表达数量，描述性别）的交际性练习。教师可让学生仿照 68—69 页“看图完成对话”进行会话练习。

“看图完成对话”（第 68—69 页）：本课的功能练习。

“听听判断”（第 70 页）：本课课文的综合练习。

“唱一唱”（第 71 页）：这首改编的儿歌《两只老虎》中不但有本课出现的

词语“老虎、猴子、跑、走、爬、游、快、慢、短”等，而且还有本课所学的情态补语，如“跑得快”“走得慢”“爬得快”“游得慢”等，学生在学唱儿歌的同时可以帮助他们巩固所学过的词语和语言点。教师可以让学生边唱边根据歌词内容做动作。

2. 练习参考答案

“听听判断”（第63页）：

（1）F （2）F （3）F （4）F （5）F （6）F

听力材料：

（1）贝贝在踢足球呢。

（2）Tom 喜欢打篮球、踢足球、游泳，还喜欢跑步。

（3）Tom 跑步跑得很慢，游泳游得也很慢。

（4）Linda 跳舞跳得很好。

（5）心爱唱中国歌唱得很好。

（6）Tom 的班有十二个男学生和十二个女学生。

“听听判断”（第64页）：

（1）F （2）F （3）T （4）T

听力材料：

（1）贝贝在跑步呢。

（2）Tom 在打篮球呢。

（3）心爱在跳舞呢。

（4）Linda 在唱歌呢。

“他们在做什么呢？”（第65页）：

爷爷在看书呢。

奶奶在看电视呢。

爸爸在打电话呢。

妈妈在洗衣服呢。

哥哥在踢足球呢。

姐姐在画画儿呢。

Tom 在睡觉呢。

“完成句子”（第66页）：

（1）贝贝打篮球打得很好。

（2）哥哥踢足球踢得很好。

（3）Tom 喝果汁喝得很多。

（4）Tom 吃饺子吃得很少。

（5）妈妈起床起得很早。

（6）妈妈睡觉睡得很晚。

（7）Tom 游泳游得很快。

（8）Tom 跑步跑得很慢。

“猜一猜他是谁”（第 67 页）：

例如：

他跑步跑得很快。

她唱歌唱得很好。

他画儿画得很好。

他写字写得很好。

他每天来得很早。

“分角色表演”（第 67 页）：

参考如下：

（1）A：你们学校有多少学生？

B：我们学校有一千二百个学生。

A：你们班有多少学生？

B：我们班有三十个学生。

A：你们班有多少男学生、多少女学生？

B：我们班有十六个男学生、十四个女学生。

（2）A：你喜欢什么运动？

B：我喜欢跑步。

A：你跑步跑得怎么样？ / 你跑步跑得快不快？

B：我跑得很快。

（3）A：你喜欢唱歌吗？

B：对，我喜欢唱歌。

A：你唱歌唱得怎么样？

B：我唱得很好。

A：你喜欢跳舞吗？

B：我喜欢跳舞。

A：你跳舞跳得怎么样？

B：我跳得不太好。

“看图完成对话”（第 68—69 页）：

（一）

明明：你喜欢什么运动？

Tom：我喜欢游泳。

明明：你游泳游得快不快？

Tom：我游泳游得很快。

你喜欢什么运动？

明明：我喜欢踢足球。

Tom：你踢足球踢得怎么样？

明明：我踢足球踢得很好。

（二）

莉莉：你们学校有多少学生？

Tom：我们学校有一千五百个学生。

莉莉：你们班有多少学生？

Tom：我们班有二十个学生，八个男学生，十二个女学生。

“唱一唱”（第 71 页）：

《两只老虎》歌词对应的英文是：

Two Tigers

Two tigers, two tigers, run fast, run fast. The ears of one of them are very big, and the ears of another one are very small. It is very strange, very strange.

Two pandas, two pandas, walk slowly, walk slowly. The eyes of one of them are very big, and the eyes of another one are very small. It is very strange, very strange.

Two monkeys, two monkeys, climb fast, climb fast. The arms of one of them are very long, and the arms of another one are very short. It is very strange, very strange.

Two small fishes, two small fishes, swim slowly, swim slowly. The tail of one of them is very long, and the tail of another one is very short. It is very strange, very strange.

五 教学小贴士

1. 太极拳与中国国球——乒乓球

太极拳

太极拳是中国一种内外兼练、柔和、缓慢、轻灵的拳术。它综合了历代各家拳法，吸取了古典哲学和传统的中医理论。打太极拳时要求动作要缓慢、柔和；身体要舒松自然、柔中有刚；思想要安静集中；呼吸要平稳、深匀，要与动作配合。太极拳不仅是人们用来自卫的方法，也是锻炼身体的方法。很多中国人早上都到公园打太极拳来健身。

乒乓球

乒乓球是中国的国球，是深受中国人喜爱的体育运动。打乒乓球既可以锻炼身体，又可以锻炼人的反应能力，而且这种运动需要的场地较小，所以很受人们的欢迎。

2. 中国中学生的课外活动

在中国，中学生的课外活动很丰富，如打乒乓球、打篮球、打排球、踢足球、学习书法及绘画，学习舞蹈、练习唱歌、演奏乐器等。学校一般都有合唱队、舞蹈队、乐队及各种运动队组织学生从事各种课外活动。

六 一课一测 Assessment

（一）根据听到的内容选出答案。 Listen to the recording and choose the right answer for each question.

1.	A 4 个	B 6 个	C 12 个
2.	A 中午	B 同学们	C 十个人
3.	A 跳舞	B 运动	C 她太忙
4.	A 因为太慢	B 因为太快	C 因为天气不好
5.	A 唱歌	B 打篮球	C 画画儿
6.	A 我昨天睡得很好	B 我昨天睡得很早	C 我昨天睡得很晚

（二）根据对话内容选出对应的图片。 Choose the right picture for each dialogue below.

A 

B 

C 

D 

1. 男：她在做什么呢？
   女：她在学跳舞呢。 □
2. 女：你游泳游得快不快？
   男：我游得很快。 □

3. 男：你朋友歌唱得好不好？

女：她唱得很好。 □

4. 女：他篮球打得怎么样？

男：他打得很好。 □

（三）根据情境对话。 Make a dialogue according to the situation below.

You are having a pingpong match with the students from the Chinese middle school which you are visiting during your Summer Trip to China. During the break, you chat with a student who just played pingpong with you. He or she is very interested in your school and what sports students there like. So he or she asks you:

1. How many students are there in your school? How many students are there in your class and how many boys and girls?

2. What sports do you like, and how do you do them?

"一课一测"参考答案

（一）根据听到的内容选出答案。

1.C 2.B 3.C 4.C 5.B 6.C

听力材料：

1. 一年有多少个月？

2. 你昨天和谁去踢足球了？

3. 她为什么不来唱歌？

4. 你们昨天为什么没去跑步？

5. 你喜欢什么运动？

6. 你的眼睛为什么红了？

（二）根据对话内容选出对应的图片。

1.B 2.D 3.C 4.A

（三）根据情境对话。

参考如下：

A：你们学校有多少学生？

B：我们学校有五百个学生。

“一课一测”参考答案

A：你们班有多少学生？

B：我们班有二十二个学生。

A：你们班有多少男学生、多少女学生？

B：我们班有十个男学生、十二个女学生。

A：你喜欢什么运动？

B：我喜欢游泳。

A：你游泳游得怎么样？

B：我游泳游得很好（/很快）。

第九课　你们去过动物园吗

一 教学目标

（一）话题

参观公园

（二）功能

谈过去的经历、安慰

（三）语法

1. 动态助词“过”
2. 动量补语（数词 +“次”）
3. 范围副词“一起”
4. 人称代词“它”
5. 小结语气助词“了”和动态助词“了”

（四）生词

1. 课文生词：

动物园、过、一起、迟到、坏、进去（内）、进、出、它、可爱、找、雨伞、丢、着急（4）、太阳、出来（内）、回、忘（4）、拿

补充生词：

长城（4）、天坛公园（外）、京剧（外）

2. 按词性分类词汇表：

动词：迟到、进去、进、出、找、丢、出来、回、拿

名词：动物园、雨伞、太阳

形容词：坏、可爱、着急

代词：它

副词：一起

助词：过

（五）汉字

太、阳

二 教学步骤

（一）导入

1. 导入方法：

问学生去过没去过动物园、去过多少次？由此引出本课话题与学习内容。

2. 本课学习任务：

学会教学目标中所列的功能项目。

3. 课文故事简介：

本课故事讲述的是 Tom 和小伙伴们商量明天去哪儿玩，因为有的小伙伴没去过动物园，所以最后他们决定去动物园。第二天他们参观动物园的时候 Tom 先是迟到了，后来还丢了东西。你知道 **Tom 为什么迟到了**吗？**他在动物园丢了什么东西？最后他找到了吗？**

（二）生词

1. 读生词：步骤略。

2. 熟悉与记忆生词：参见“四、教学活动”的“（一）词汇”部分 1。

3. 讲练生词：参见“三、教学重点和难点”的“（一）重点讲练词汇”。

4. 巩固生词：做《活动手册》第 72 页“看看贴贴”。

（三）课文

1. 朗读课文：步骤略。

2. 帮助学生初步了解课文故事：教师提问课文故事简介中的问题（粗体字），学生回答。

3. 讲练动态助词“过”，做教学活动语法部分活动 1—3、4（《活动手册》第 74—75 页“2013 年 Tom 的爷爷在北京的经历”）。

4. 讲练动量补语（数词 + “次”），做教学活动语法部分活动 5—10、11（《活动手册》

第 73 页“看图完成对话”），12（《活动手册》第 76 页“中国之旅调查问卷”）。

5. 讲练范围副词“一起”，做教学活动语法部分活动 13。

6. 讲练人称代词“它”、小结语气助词“了”和动态助词“了”，做教学活动语法部分活动 14（《活动手册》第 77 页“选用下列词语完成句子”）。

7. 检查对课文的理解及复习本课词汇和语言点，做《活动手册》第 80 页“听听判断”。

（四）交际与运用

做《活动手册》第 78—79 页“完成对话”、80 页“分角色表演”。

（五）相关文化知识介绍

参见“五、教学小贴士”。

（六）学汉字：“太、阳”

做《活动手册》第 81 页“写一写”。

（七）学古诗：咏鹅

做《活动手册》第 81 页“读古诗”。

三 教学重点和难点

（一）重点讲练词汇

1. 进

扩展：进来、进去

趋向动词“进”“出”后面可以加上“来”“去”，表示动作的方向。“来”表示动作是朝着说话人或所谈的事物进行的；“去”表示动作是背离说话人或所谈的事物进行的。

例句：

（1）你进来吧。（说话人在里面，动作发出者在外面，要往里面进）

（2）我们进去吧。（说话人在外面，要往里面进）

2. 出

扩展：出来、出去

例句：

（1）你出来吧。（说话人在外面，动作发出者在里面，往外面出）

（2）我们出去吧。（说话人在里面，往外面出）

3. 找

扩展：找到

“到”可以用在动词后做结果补语，表示动作达到了目的。例如“找到铅笔”“看到熊猫”“买到书”。

例句：

（1）A：你在动物园看到熊猫了吗？

B：看到了。熊猫很可爱。

（2）A：你的雨伞找到了吗？

B：还没找到。

A：你再找找。

（二）语法

1. 动态助词“过”

动态助词“过”用在动词后边，表示某种动作曾在过去发生，常用来强调有过这种经验或经历。例如：

（1）我去过北京。

（2）我吃过饺子。

注意：如果动词是离合词，“过”要放在离合词两个构成语素中间。例如“游过泳”“唱过歌”“跳过舞”。

动词如果有宾语，宾语要放在“过”后边。

格式：“V+ 过 +O”

否定式是：“没（有）+ V+ 过（+O）”

例如：

（1）我没学过中国歌，所以不会唱中国歌。
（2）我没吃过饺子，所以不知道好吃不好吃。

正反疑问式是："V+ 过（+O）+ 没有"
例如：

（1）你去过动物园没有？
（2）你学过中国歌没有？

注意：这一句式在本课不作为重点语言操练项目，教师根据情况可只把这一句式介绍给学生。

2. 动量补语（数词 + "次"）

动量补语用在动词之后，表示动作行为发生或进行的次数，由数词和动量词构成。"次"是常用的动量词。例如：

（1）我去过一次中国。
（2）我吃过很多次饺子。

注意：带动量补语的动词如果是离合词，比如"游泳、跑步、唱歌、跳舞、洗澡"，动量补语要放在离合词的两个构成语素中间。例如"我每星期游两次泳"。

带动量补语的句子，动词的宾语如果是名词，动量补语一般放在宾语之前；宾语如果是代词，动量补语一般放在宾语之后。

格式：

（1）动词 + 动量补语 + 宾语（一般名词）
例如：

我吃过两次饺子。

（2）动词 + 宾语（代词）+ 动量补语
例如：

昨天我找过他三次，他都不在。

注意：宾语是代词的这种句式，在本课教师可只介绍给学生，而不作为重点语言操练项目。

当宾语是人名、地名或对人的称呼时，可以放在补语后，也可以放在补语前。例如：

（1）我去过一次上海。

（2）我去过上海一次。

注意：为便于学生学习，后一种句式可作为教师参考，在本课可暂不介绍给学生，而只强调名词放在动量补语之后这种句式。

动量补语除可以用于表示过去经验的句子中，也可以用于表示动作完成的句子或经常性动作的句子中。例如：

我昨天去了两次商店。

我每星期游一次泳，跑三次步。

3. 范围副词“一起”

副词“一起”放在动词前作状语，常与“和”连用，构成“和＋名词＋一起”的形式。例如：

（1）今天我们一起去打篮球。

（2）星期六我和朋友一起去爬山。

4. 人称代词“它”

“它”是第三人称单数，指代事物。

5. 小结语气助词“了”和动态助词“了”

语气助词“了”用在句末，表示情况的变化或新情况的出现。例如：

（1）下雨了。

（2）太阳出来了。

（3）春天了，天气暖和了。

（4）我饱了，不吃了。

（5）现在七点五十了，要上课了。

（6）我今年十岁了。

动态助词“了”表示动作行为的完成或实现。例如：

（1）我昨天买了两本书。

（2）我今天打了一个小时篮球。

句中可以既用动态助词“了”又用语气助词“了”。动词后面多用动态助词“了”，句末多用语气助词“了”。句中数量补语或时量补语表示已完成的数量或持续的时间，如果后面没有其他句子，表示动作还要继续进行下去。例如：

（1）我画了半个小时画儿了。（现在还在画）

（2）我学了两年汉语了。（现在还在学）

四 教学活动

（一）词汇

1. 熟悉与记忆生词

（1）练习名词与形容词

教师可参考附录《课堂活动方法》“词语的练习方法”中“图片 / 卡片法”。

（2）练习动词

教师可参考附录“词语的练习方法”中“动作法”。

2. 讲练生词

参见“三、教学重点与难点”的“（一）重点讲练词汇”。

3. 巩固生词

做《活动手册》第 72 页“看看贴贴”。

（二）语法

1. 动态助词“过”

◆ 活动 1

活动目的：通过情境设置帮助学生理解动态助词“过”的用法，并通过对不同动作行为经历的问答，帮助学生掌握动态助词“过”肯定式的表达。

活动准备：

（1）准备以下事物的图片或用 PowerPoint 制作成幻灯片的形式：蛋糕、面条、可乐、动物园、篮球。

（2）在一张卡片上写学生学过的一个汉字，如“大”，并准备学生正在学的汉语课本。

活动步骤：

（1）出示蛋糕图片，问一个学生“这是什么？”，学生回答“这是蛋糕”；教师接着问“好吃吗？”，比如学生回答“好吃”；教师再问“你喜欢吃蛋糕吗？”，比如学生回答“喜欢”；然后教师再问“你吃过蛋糕吗？”。

（2）教师说明动态助词“过”的用法及在句中的位置“V+ 过（+O）”。教师可以前面的例子来说明“……（学生名字）吃过蛋糕，所以知道蛋糕好吃，喜欢吃蛋糕”，然后领着学生说“你吃过蛋糕吗？”“我吃过蛋糕”。

（3）教师出示其他图片、汉字卡片及学生的汉语课本，问学生“你吃过面条（喝过可乐 / 去过动物园 / 打过篮球 / 学过这个字 / 看过这本书）吗？”，引导学生用动态助词“过”的肯定式来表达。

◆ 活动 2

活动目的：通过情境设置导入动态助词“过”的否定式，并通过对不同动作行为经历的问答，帮助学生掌握动态助词“过”否定式的表达。

活动准备：

（1）准备以下事物的图片或用 PowerPoint 制作成幻灯片的形式：饺子、一道中国菜（如宫保鸡丁）、长城、太极拳。

（2）在卡片上写几个学生没学过的汉字，如“脑”“网”“药”，每个字写在一张卡片上。

（3）准备几本学生没有看过的汉语书和一首学生没听过的中国歌。

活动步骤：

（1）教师在黑板上写一个学生没学过的汉字，如“身”，问学生“这是什么字？”，学生可能回答“不知道”，教师再问“你学过这个字吗？”，学生可能回答得不正确，教师给出正确的表达“我没学过这个字”。

（2）教师说明动态助词“过”否定式的用法及句式“没（有）+ V+ 过（+O）”。教师可指着黑板上的字来说明，“……没学过这个字，所以不知道这是什么字”。

（3）教师出示其他图片、汉字卡片和汉语书，播放中国歌，问学生“你做过饺子（吃过这个菜 / 去过长城 / 打过太极拳 / 学过这个字 / 看过这本书 / 听过这首歌）吗？”，引导学生练习用动态助词“过”的否定式来表达。

◆ **活动 3**

活动目的：通过对不同动作行为经历的问答帮助学生进一步掌握动态助词“过”的用法（肯定式与否定式）。

活动准备：

（1）可利用活动 1 和 2 中的图片或实物，也可再准备一些图片，如：包子、中国地图、打排球、打羽毛球等。

（2）准备为学生分组的数字纸条或数学题，可参照附录“课堂活动中学生的分组方法”中的“按相同数字分组”或“按相同答案分组”的分组准备。

活动步骤：

（1）教师出示图片或实物，学生根据图片或实物可代表的动作行为说一个“动词 + 宾语（图片事物 / 实物）”的短语，为下面的活动做“热身”。教师可先做示范，比如图片是中国地图，教师可以说“去中国”；图片是饺子，教师可以说“吃饺子”“做饺子”；图片是打太极拳，教师可以说“学太极拳”“打太极拳”。

（2）先与一个学生做示范表演。教师出示一张图片，根据图片内容，问一个带动态助词“过”的问题。比如图片是打太极拳，教师可问“你打过太极拳吗？”，学生根据实际情况回答。

（3）把学生分为两大组，然后每组各叫一名学生到教室前面做问答练习。分组做练习的方法可参照附录“课堂活动中学生的分组方法”中的“按相同数字分组”或“按相同答案分组”。

（4）教师随机出示图片或实物，两个学生仿照前面师生的示范做问答练习。教师可让一组学生先提问，二组学生根据自己的经历回答，然后教师换另一张图片或实物，两个学生交换角色做问答练习。

（5）其他学生要判断做问答练习的两个学生说得是否正确。说得正确的学生为其所在的组得一分。得分多的组获胜。

◆ **活动 4**

活动目的：帮助学生巩固动态助词“过”的用法（肯定式与否定式）。

做《活动手册》第 74—75 页“2013 年 Tom 的爷爷在北京的经历”。

2. 动量补语（数词 +“次”）

◆ 活动 5

活动目的：通过情境设置导入动量补语（数词 +“次”），并通过交际性问答帮助学生掌握此语言点用于表示过去经验的句子中的用法。

活动步骤：

（1）设置情境，导入动量补语“次”。教师可以这样说“老师去年 6 月第一次去动物园（或其他公园）。老师这个月第二次去动物园。老师去过几次动物园？”，学生可能不知道怎么回答，教师说出正确表达，“老师去过两次动物园”。

（2）教师可用上面的例子说明动量补语“次”的用法及带宾语的句式（动词 + 动量补语 + 宾语（一般名词））。根据情况，教师可再介绍一下宾语是代词的位置（动词 + 宾语（代词）+ 动量补语），但此句式只作为一般性了解。

（3）问学生“谁去过动物园？”，如有学生回答去过，教师再问“你去过几次动物园？”。

（4）方法同上，教师可再问学生其他问题，如“谁吃过饺子（喝过中国茶 / 看过熊猫 / 听过中国歌）？”，然后再问“你……过几次……？”，引导学生练习动量补语的表达。

◆ 活动 6

活动目的：通过对所给信息所做的问答练习帮助学生巩固动量补语（数词 +“次”）用于表示过去经验的句子中的用法。

活动准备：

准备两组卡片。第一组是信息卡，每张卡片写一个可以重复动作的动词及其宾语，例如：

去 中国、去 北京、去 长城、吃 饺子、吃 中国菜、看 熊猫、听 中国歌、做 饺子

第二组是数字卡片，每张卡片写一个数字，如 1、2 、3，另外还有一张写“很多”。

活动步骤：

（1）先与一个学生做示范表演。教师叫学生抽一张数字卡，教师抽一张信息卡。教师根据卡片上的信息问一个带动态助词“过”的问题。比如卡片是“吃 饺子”，教师问“你吃过饺子吗？”，学生回答“我吃过饺子”，教师再问“你吃过几次饺子？”，学生按抽到的卡片上的数字信息回答，比如卡片是“很多”，学生回答“我吃过很多次饺子”。

（2）把学生分为两组，每次在两组学生中各叫一名学生到教室前面做练习。分组做练习的方法可参照附录“课堂活动中学生的分组方法”。

（3）先让一组学生抽信息卡，二组学生抽数字卡，学生按前面师生所做的示范

进行问答练习，然后两组学生交换角色，重新抽卡片，进行问答练习。

（4）每组学生做完问答练习后，教师可根据学生的对话内容向其他学生提问，如“……（学生名字）吃过几次饺子？”，以检查学生的听力理解及注意力是否集中。

◆ 活动 7

活动目的：通过问答帮助学生掌握动量补语（数词 +“次”）用于表示动作完成的句子中的用法。

活动步骤：

（1）问学生“昨天谁去图书馆（或运动场）了？”，然后问回答问题的学生“昨天你去了几次图书馆（或运动场）？”。

（2）教师说明动量补语也可用于表示动作完成的句子中。

（3）问学生“上星期谁跑步了？”，然后问回答问题的学生“上星期你跑了几次步？”。

（4）教师说明动词如“游泳、跑步、唱歌、跳舞、洗澡”等，动量补语要放在动词的两个音节中间。

（5）同步骤 3，教师可再问学生几个问题，以帮助学生掌握此语言点的用法。例如“上星期谁游泳（踢足球 / 打篮球 / 打橄榄球 / 打棒球）了？”，然后再问“上星期你游了几次泳（踢了几次足球 / 打了几次篮球 / 橄榄球 / 棒球）？”。

◆ 活动 8

活动目的：通过交际性问答帮助学生巩固动量补语（数词 +“次”）用于表示动作完成的句子中的用法。

活动步骤：

（1）先与一个学生做示范表演。教师让学生说出上星期所做的运动。比如学生说“我上星期跑步了”，教师问“你上星期跑了几次步？”，学生根据实际情况回答。

（2）教师可让学生按座位顺序依照前面师生所做的示范做问答练习。第一个学生说上星期所做的运动，第二个学生问所做的次数，第一个学生根据实际回答，然后第二个学生说上星期所做的运动，第三个学生提问……

（3）在活动中教师给全班学生一个任务：找出上星期学生们都做了什么运动？每项运动谁做的次数最多？

（4）学生做完问答练习后，教师让学生用动量补语回答教师所布置的任务。比如“……上星期跑了五次步”“……上星期踢了三次足球”。

（5）教师可给予最先说对的学生小奖励。

◆ 活动 9

活动目的：通过问答帮助学生掌握动量补语（数词 +“次”）用于经常性动作的

句子中的用法。

活动步骤：

（1）教师问学生“你们星期几上汉语课？”，学生回答后再问“你们每星期上几次汉语课？”。

（2）教师说明动量补语也可用于经常性动作的句子中。

（3）再问学生其他问题，以帮助学生掌握此语言点的用法。例如“谁每星期游泳（跑步 / 跳舞 / 踢足球 / 打橄榄球）？”，然后问回答问题的学生“你每星期游几次泳（跑几次步 / 跳几次舞 / 踢几次足球 / 打几次橄榄球）？”。

◆ 活动 10

活动目的：通过交际性问答帮助学生巩固动量补语（数词 +“次”）用于经常性动作的句子中的用法。

活动准备：根据学生每星期所上的课程数，教师准备相应的数字纸条。比如学生每星期上五门课，教师就按“1—5”的顺序在每张纸条上写一个数字，然后把纸条折好，字不要露出来。

活动步骤：

（1）教师问学生“你们每星期上什么课？”，然后教师把学生所说的课程写在黑板上，并给每个课程编上号，例如：“1 汉语”“2 英语”“3 数学”“4 历史”。

（2）先与一个学生做示范表演。教师抽一张数字纸条，比如数字是“2”，对应黑板上的“英语”，教师就问学生“你每星期上几次英语课？”。学生根据实际情况回答。

（3）可让学生按座位顺序依照前面师生所做的示范做问答练习。第一个学生抽数字纸条，根据纸条上数字所对应的课程提问，第二个学生根据实际情况回答，然后第二个学生再抽纸条、提问，第三个学生回答……

（4）在活动中教师给全班学生一个任务：找出他们每星期上什么课次数最多。

（5）学生做完问答练习后，教师让学生用动量补语回答教师所布置的任务。比如“我们每星期上五次汉语课”。

（6）教师可给予最先说对的学生小奖励。

◆ 活动 11

活动目的：综合练习动量补语（数词 +“次”）用于表示过去经验、动作完成和经常性动作的句子中的用法。

做《活动手册》第 73 页“看图完成对话”。

◆ 活动 12

活动目的：帮助学生巩固动态助词“过”与动量补语（数词 +“次”）的用法。

做《活动手册》第 76 页“中国之旅调查问卷”。

3. 范围副词“一起”

◆ **活动 13**

活动目的：通过动作演示导入，并帮助学生理解、掌握副词“一起”的用法。

活动准备：

（1）准备一些写有动作性词语的卡片，每张卡片写一个词语。例如“跑步、游泳、踢足球、打篮球、唱歌、跳舞、画画儿”。

（2）准备写有“1”“2”“3”等数字的纸条，每张纸条写一个数字，每个数字分别写在两三张纸条上，纸条数要与学生人数相同。

活动步骤：

（1）让每个学生在本上画“苹果”或写汉字“大”。在学生画苹果或写字时，教师问几个学生“你在画画儿（写字）呢吗？”，然后再问全班学生“你们在一起画画儿（写字）呢吗？”。

（2）教师说明“一起”的用法及“一起”在句中的位置（在动词前）。

（3）让每个学生抽一张数字纸条，抽到相同数字纸条的学生要一起做一件事。

（4）教师说数字“1”，抽到“1”的学生到教室前面。教师让其中一个学生抽一张词语卡片，然后他们要根据卡片上的词语一起做动作。比如卡片上写的是“游泳”，他们要一起做游泳的动作。

（5）问其他学生“他们一起做什么呢？”，学生要根据所看到的动作用“一起”来回答。比如“他们一起游泳呢”。教师再指着其中一个做动作的学生问“……（所指学生的名字）和谁一起游泳呢？”，学生要回答“……和……一起游泳呢”。

（6）同上面的方法，教师再依次叫抽到其他数字的学生到教室前面做动作，然后向其他学生提问，引导学生用“一起”来表达。

4. 人称代词“它”、语气助词“了”和动态助词“了”

◆ **活动 14**

活动目的：综合练习“一起”“它”“了”。

做《活动手册》第 77 页“选用下列词语完成句子”。

（三）《活动手册》说明

1. 练习目的及方法

“看图完成对话”（第 73 页）：本课语言点动量补语（数词 +“次”）用于表示过去经验、动作完成和经常性动作的句子中用法的练习。要求学生根据插图中所提供的信息来完成对话。

“2013 年 Tom 的爷爷在北京的经历”（第 74—75 页）：本课语言点动态助词“过”（肯定式与否定式）用法的练习。训练的是学生的阅读、写作技能，练习的目的是在所设置的情境中让学生体会此语言点在实际交际中的运用。要求学生根据插图中所提供的信息选用所给的词语来完成句子。

“中国之旅调查问卷”（第 76 页）：本课语言点动态助词“过”与动量补语（数词 +“次”）用法的交际性练习。训练的是学生的阅读、写作技能。

“选用下列词语完成句子”（第 77 页）：本课语言点范围副词“一起”、人称代词“它”、语气助词“了”与动态助词“了”用法的综合练习。要求学生根据所提供的文字和插图信息选用所给的词语来完成句子。

“完成对话”（第 78—79 页）：本课功能（谈过去的经历、安慰）的练习。要求学生根据所提供的文字和插图信息选用所给的词语来完成对话。

“分角色表演”（第 80 页）：本课功能（谈过去的经历、安慰）的交际性练习。要求学生按照练习中所设置的情境，并用所给的词语进行会话表演。教师可让学生仿照 78—79 页“完成对话”进行会话练习。

“听听判断”（第 80 页）：本课课文的综合练习。

“读古诗”（第 81 页）：本课故事是围绕着动物园展开的，借此让学生学习一首中国有名的描写动物的古诗《咏鹅》。

2. 练习参考答案

“看看贴贴”（第 72 页）：

（1）熊猫　（2）迟到　（3）雨伞、拿　（4）着急、坏　（5）太阳、动物园、进、出

“看图完成对话”（第 73 页）：

（1）A：Tom 吃过几次饺子？

B：<u>Tom 吃过三次饺子</u>。

（2）A：贝贝上星期踢了几次足球？

B：<u>贝贝上星期踢了三次足球</u>。

（3）A：你每星期上几次汉语课？上几次历史课？

B：<u>我每星期上五次汉语课，上两次历史课</u>。

“2013 年 Tom 的爷爷在北京的经历”（第 74 页）：

爷爷很高兴，他经历过……

（1）爷爷去过长城。

（2）爷爷看过熊猫。

（3）爷爷吃过饺子。

（4）爷爷喝过中国茶。

（5）爷爷坐过公共汽车。

（6）爷爷学过太极拳。

爷爷感到很遗憾，他没经历过……

（1）爷爷没去过天坛公园。

（2）爷爷没看过京剧。

“中国之旅调查问卷”（第 76 页）：

学生根据自己的实际情况回答。

“看图完成对话”（第 78—79 页）：

第 78 页：

Tom：你去过这个图书馆吗？

心爱：我去过。

Tom：你去过几次？

心爱：我去过两次。

Tom：这个图书馆怎么样？

心爱：这个图书馆很大，有很多书。

Tom：星期六我想去那儿看书。你想和我一起去吗？

心爱：好！我们一起去。

第 79 页：

和子：你在找什么呢？

Tom：我的铅笔丢了。

和子：别着急，你再找找。

Tom：找到了！在这儿。

“分角色表演”（第 80 页）：

参考如下：

第一题

A：你去过长城吗？

B：我没去过长城。长城怎么样？

A：很漂亮。

B：明天我想去长城。你想和我一起去吗？

A：好。

第二题

A：你吃过饺子吗？

B：我在美国吃过一次。饺子很好吃，我很喜欢。

A：我们一起去吃饺子吧。

B：好。

第三题

A：我的钱丢了。

B：别着急，你再找找。

A：找到了，钱在我的书包里。

"听听判断"（第80页）：

（1）F　（2）F　（3）F　（4）F　（5）F　（6）F　（7）F

听力材料：

（1）心爱去过动物园，和子没去过动物园。

（2）Tom 去过很多次动物园。

（3）贝贝去过动物园，所以不想和 Tom 他们一起去动物园。

（4）Tom 起床晚了，所以迟到了。

（5）心爱在北京看过熊猫。

（6）心爱的雨伞丢了。

（7）Tom 没丢过东西。

五 教学小贴士

北京的名胜古迹

北京作为中华人民共和国首都，是全国的政治、经济、文化中心。它也是有着3000多年建城史和800多年建都史的世界著名文化古城。北京有很多名胜古迹，长城、故宫、天坛、颐和园、明十三陵等都是世界著名文化遗产。

长城

长城是古代中国在不同时期为抵御北方游牧民族的侵袭而修筑的规模浩大的军事工程。长城东西绵延上万华里，所以又称作“万里长城”。它被列为中古世界七大奇迹之一。长城是中国，也是世界上修建时间最长、工程量最大的一项古代防御工程。它始建于两千多年前的春秋战国时代，延续不断修筑了2000多年，分布于中国北部和中部的广大土地上。

现存的长城遗迹主要为建于十四世纪的明长城，而北京的八达岭长城是明长城中保护得最好的部分，也是最陡峭的部分，而且还是游人最多的地方之一。除此，北京的慕田峪长城和司马台长城也吸引着很多游客。

故宫

故宫，旧称紫禁城，位于北京市中心，是明、清两代的皇宫，是世界现存最大、最完整的木质结构的古建筑群。故宫自建成到现在已有近600年的历史了，曾居住过24个皇帝。

故宫建筑群是长方形的，占地72万多平方米，由几十个大小不等的庭院组成，有宫殿70多座，房屋九千多间。这些建筑沿着一条南北方向的中轴线排列，重要的宫殿在中轴线上，次要的宫殿、房屋在两边，左右对称。

天坛

天坛是中国现存最大的古代祭祀性建筑群，是明清两代皇帝祭天和祈祷五谷丰收的地方。它始建于明朝的1420年，占地273万平方米，面积几乎是故宫的4倍。

颐和园

颐和园是中国现存规模最大、保存最完整的皇家园林。它始建于1750年，占地300多万平方米，原是清朝帝王的行宫和花园。园内亭台、长廊、殿堂、庙宇和小桥等人工景观与自然的山峦和开阔的湖面和谐地融为一体，是中国古典园林的登峰造极之作。

六 一课一测 Assessment

（一）根据听到的内容选出答案。 Listen to the recording and choose the right answer for each dialogue.

1.	A 起床晚了	B 自行车丢了	C 自行车坏了
2.	A 桌子	B 包子	C 杯子
3.	A 三次	B 六次	C 两次
4.	A 吃了	B 吃过	C 没吃过

（二）选择一个正确答案完成对话。 Choose the right answer complete each dialogue below.

1. 男：你来过北京吗？
   女：（　　），我这是第一次。
   A 来了　B 来过　C 没来过
2. 女：你一个人去动物园吗？
   男：不，我和朋友（　　）去。
   A 也　B 再　C 一起
3. 女：请（　　），您找谁？
   男：我找王老师，她在这儿吗？
   A 来　B 进　C 出
4. 男：你找到雨伞了吗？
   女：（　　），在这儿。
   A 没找到　B 找了　C 找到了

（三）根据情境对话。 Make a dialogue according to the situation below.

You have a new classmate who comes from China. You ask him or her if he or she has been to your country before. He or she tells you that it is his or her first time to come to your country, and he or she asks if you have been to China. You tell him or her that you have never been to China, but your father has visited China twice.

“一课一测”参考答案

（一）根据听到的内容选出答案。

1.C　2.C　3.C　4.C

听力材料：

1. 女：你怎么迟到了？
　男：我的自行车坏了。
　问：男的为什么迟到了？
2. 男：你看到我的杯子了吗？
　女：在那儿，在桌子上。
　问：男的在找什么呢？
3. 女：你每星期踢一次足球吗？
　男：不，我每星期三和星期六踢足球。
　问：男的每星期踢几次足球？
4. 男：你吃过饺子吗？
　女：我这是第一次吃饺子
　问：女的吃过饺子吗？

（二）选择一个正确答案完成对话。

1.C　2.C　3.B　4.C

（三）根据情境对话。

参考如下：

A：你来过美国吗？

B：没有，这是我第一次来美国。你去过中国吗？

A：没有。但是我爸爸去过两次中国。

第十课　你是在哪儿看这个电影的

一 教学目标

（一）话题

谈电影

（二）功能

说明过去动作的时间、地点、方式；评价电影等娱乐活动

（三）语法

“是……的”句

（四）生词

1. 课文生词：

周末（4）、京剧（外）、音乐会（外）、比赛（4）、电影、电影院（外）、上午（外）、下午（外）、音乐（外）、好听（外）、电脑、上网、地铁（4）

专有名词：

功夫熊猫（Kung Fu Panda）（外）

补充生词：

饭馆儿（外）、开始（4）

2. 按词性分类词汇表：

动词：上网

名词：电影、电脑

（五）汉字

好、听

二 教学步骤

（一）导入

1. 导入方法：

问学生看过没看过电影《功夫熊猫》？这个电影怎么样？如果学生没看过，教师也可以问学生喜欢看什么电影？为什么？由此引出本课话题与学习内容。

2. 本课学习任务：

学会教学目标中所列的功能项目。

3. 课文故事简介：

本课故事讲述的是 Tom 和小伙伴们谈论周末做了什么，Tom 和心爱看了同一个电影，小伙伴们对这个电影很感兴趣，于是他们谈论起关于这个电影的话题。最后 Tom 要和小伙伴们一起再去看一次这个电影。你知道**为什么 Tom 的小伙伴们也想去看这个电影吗？ Tom 为什么还想再看一次？**

（二）生词

1. 读生词：步骤略。

2. 熟悉与记忆生词：参见“四、教学活动”的“（一）词汇”部分 1。

3. 巩固生词：做 《活动手册》第 82 页“看看贴贴”。

（二）课文

1. 朗读课文：步骤略。

2. 帮助学生初步了解课文故事：教师提问课文故事简介中的问题（粗体字），学生回答。

3. 讲练“是……的”句，做教学活动语法部分活动 1—5、6（《活动手册》第 83 页“连一连”），7（《活动手册》第 84—85 页“用‘的’或‘了’完成下列对话”），8（《活动手册》第 86—87 页“看图完成对话”），9—10、11（《活动手册》第 88—89 页“看图完成对话”），12（《活动手册》第 90 页“一次有意思的旅行经历”）。

4. 检查对课文的理解及复习本课词汇和语言点，做 《活动手册》第 90 页“听听判断”。

（四）交际与运用

做 《活动手册》第 91 页“看图完成对话”、92 页“分角色表演”。

（五）相关文化知识介绍

参见“五、教学小贴士”。

（六）学汉字：“好、听、大、小”

做《活动手册》第 93 页“写一写”。

（七）学中国歌：茉莉花

做《活动手册》第 92 页“唱一唱”。

三 教学重点和难点

“是……的”句

“是……的”句可以用来强调说明已经发生的动作的时间、地点、方式等。“是”放在要强调说明部分前边，“的”放在句尾。例如：

你是什么时候来北京的？——我是去年九月来北京的。
你们是在哪儿认识的？——我们是在北京认识的。
你今天是怎么来的？——我是坐公共汽车来的。

用“了”表示过去发生某件事的一般动词谓语句，与用“是……的”的动词谓语句所表达的意思是有区别的。用“了”的句子是向听话人说明一个未知的事件。而“是……的”句一般用于这样的场合：动作已在过去发生或完成，而且这一事实已成为交际双方所共知的信息。使用“是……的”句时，说话人要突出表达的并不是动作本身，而是与动作有关的某一方面，如时间、地点、方式、对象、目的等。请比较：

昨天我去动物园了。（说话人向听话人说明一件未知的事件——去动物园）

昨天我是九点去动物园的。（听话人已知道去动物园这件事，说话人向听话人说明去的时间）

“是……的”句的否定形式为“不是……的”。例如：

你是走路来的吗？——我不是走路来的，我是骑自行车来的。

“是……的”句中“是”一般都可以省略，但当主语是“这”“那”时，或在否定式中，“是”一般不能省。例如：

这是今天买的，不是昨天买的。

如果动词后有宾语，宾语又是名词，“的”也可以放在宾语前。例如：

你昨天是在哪儿看的电影？——我昨天是在学校看的电影。

本课可暂不要求学生掌握这种形式。

四 教学活动

（一）词汇

1. 熟悉与记忆生词

本课词语的练习方法教师可参考附录《课堂活动说明》“词语的练习方法”中“图片 / 卡片法”。

2. 巩固生词

做《活动手册》第 82 页“看看贴贴”。

（二）语法

1. “是……的”句

◆ 活动 1

活动目的：通过情境设置导入语言点，帮助学生理解并初步掌握本课“是……的”句的用法——强调过去发生动作的时间、地点、方式。

活动步骤：

（1）问一个学生“周末你去哪儿了？”，学生回答后教师再问“你是什么时候去的？”“你是怎么去的？”。学生可能回答得不正确，教师先不讲解，只给出正确的表达。

（2）再问另一个学生“你昨天晚上吃饭了吗？”，如学生回答“吃了”，教师再问“你是在哪儿吃的？”，学生回答后教师给出正确的表达。

（3）以前面与学生所做的问答为例，说明本课“是……的”句的用法，然后领着全班学生说一遍用“是……的”句所做的三个问答，以帮助学生熟悉本课所要掌握的句式。

你是什么时候去的？——我是……去的。

你是怎么去的？——我是……去的。

你是在哪儿吃的？——我是在……吃的。

◆ 活动 2

活动目的：通过交际性问答帮助学生熟练掌握用“是……的”句强调过去发生动作的地点的用法。

活动步骤：

（1）先与一个学生做示范表演。教师问“周末你做什么了？”，比如学生回答“我踢足球了”，教师再问“你是在哪儿踢足球的？”，学生根据实际情况回答。

（2）依照前面师生所做的示范，教师可让学生按座位顺序做一问一答练习。前一个学生问，后一个学生回答，回答后再问下一个学生。

（3）在活动中教师给全班学生一个任务：找出周末哪些学生做了同样的事情？是什么事情？分别是在什么地方做的？

（4）学生做完问答练习后，教师让学生用“是……的”句回答教师所布置的任务。比如“……和……看足球比赛了。……是在学校看的；……是在家看的”。

（5）教师可给予最先说对的学生小奖励。

◆ 活动 3

活动目的：通过交际性问答帮助学生熟练掌握用“是……的”句强调过去发生动作的时间的用法。

（1）先与一个学生做示范表演。教师问“你今天是什么时候到学校的？”，学生根据实际情况回答。

（2）同活动 2 中步骤 2 的方法，教师让学生按座位顺序依照此示范做一问一答练习。

（3）在活动中教师给全班学生一个任务：找出最先到学校的前三名学生及到校时间。

（4）学生做完问答练习后，教师让学生用“是……的”句回答教师所布置的任务。比如“……是……点到学校的”。

（5）教师可给予最先说对的学生小奖励。

◆ 活动 4

活动目的：通过交际性问答帮助学生熟练掌握用“是……的”句强调过去发生动作的方式的用法。

（1）先与一个学生做示范表演。教师问“你今天是怎么来学校的？”，学生根据实际情况回答。

（2）同活动 2 中步骤 2 的方法，教师让学生按座位顺序依照此示范做一问一答练习。

（3）在活动中教师给全班学生一个任务：找出全班学生都有哪些来学校的方式。

（4）学生做完问答练习后，教师问学生“你们今天是怎么来学校的？”，学生要用“我们是……来学校的”的句式回答。

（5）教师可给予回答来学校的方式最多的学生小奖励。

◆ **活动 5**

活动目的：通过“击鼓传花”游戏（学生抽签回答问题）来帮助学生综合练习用“是……的”句强调过去发生动作的时间、地点、方式。

活动准备：

（1）准备一些用“是……的”句的疑问句，每个句子分别写在一张纸条上，写好后把这些纸条折好，字不要露出来，然后把纸条放进一个盒子里。盒子可以放到活动场地中间。句子参考如下：

你今天是几点到学校（起床）的？

你昨天晚上是几点睡觉（吃饭）的？

你是什么时候开始学习汉语的？

你昨天中午（晚上）是在哪儿吃饭的？

你今天是怎么来学校的？

你昨天是怎么回家的？

（2）准备“击鼓”的用具（参照附录中“击鼓传花”游戏）。

（3）准备游戏中的传递物（参照附录中“击鼓传花”游戏）。

活动步骤：

（1）让学生围站成一圈，然后教师确定队头与队尾（为相邻的两个学生）。教师把游戏传递物交给站在队头的学生，然后教师“击鼓”，开始“击鼓传花”游戏，学生由队头至队尾快速传递游戏传递物。

（2）突然中止“击鼓”，手中持有传递物的学生要从盒子中抽一张纸条，然后交给教师。教师读出纸条上的问题，该学生回答。

（3）如果学生回答对了，师生继续进行“击鼓传花”游戏；如果学生答错了，教师纠正后学生要站到队尾，其后的学生则随之向前移动位置，使队形保持不变。

注意：教师要注意掌控何时中止“击鼓”，以保证每个学生都有回答问题的机会，偶尔也可让回答过问题的学生再回答，以确保每个学生都认真参与活动。

◆ 活动 6

活动目的：帮助学生熟练掌握“是……的”句的使用语境及疑问式。

做 《活动手册》第 83 页“连一连”。

◆ 活动 7

活动目的：帮助学生区别“是……的”句与用“了”表示过去发生某件事的一般动词谓语句。

做 《活动手册》第 84—85 页“用‘的’或‘了’完成下列对话”。

◆ 活动 8

活动目的：帮助学生进一步巩固“是……的”句的用法。

做 《活动手册》第 86—87 页“看图完成对话”。

◆ 活动 9

活动目的：通过问答帮助学生初步掌握“是……的”句的否定式。

活动步骤：

（1）问一个学生“你今天是什么时候到学校的？”，比如学生回答“我今天是七点半到学校的”。教师用一个不同的时间问另一个学生“他今天是八点到学校的吗？”，学生可能回答得不正确，教师给出正确的表达“他今天不是八点到学校的，他是七点半到的”。

（2）教师说明“是……的”句的否定形式是“不是……的”。

（3）问一个学生“你今天是怎么来学校的？”，比如学生回答“我今天是坐校车来学校的”。教师用不同的交通方式问另一个学生“他今天是坐公共汽车来学校的吗？”，引导学生用否定式回答。

（4）问一个学生“你昨天是在哪儿吃午饭的？”，比如学生回答，“我昨天是在学校吃午饭的”。教师用不同的地点问另一个学生“他昨天是在家吃午饭的吗？”，引导学生用否定式回答。

◆ 活动 10

活动目的：通过问答帮助学生熟练掌握“是……的”句的否定式。

活动步骤：

（1）教师问一个学生“你昨天是七点睡觉的吗？”（或问其他过去发生的事情），学生用“是……的”句的否定式回答，比如“我昨天不是七点睡觉的，我昨天是十点睡觉的”。这个学生再用自己睡觉的时间问另一个学生，“你昨天是十点睡觉的吗？”，另一个学生用“是……的”句的否定式回答，然后以同样的方法再问其他学生。教师可让学生按座位顺序照此做一问一答练习。

（2）学生做完问答练习后，教师再问一个学生“你昨天是走路回家的吗？”，学生用否定式回答，比如“我昨天不是走路回家的，我是坐校车回家的”。方法同上，这个学生再用自己回家的方式问另一学生。教师可让学生按座位顺序照此做一问一答练习。

◆ **活动 11**

活动目的：帮助学生巩固“是……的”句的否定式。

做《活动手册》第 88—89 页“看图完成对话”。

◆ **活动 12**

活动目的：“是……的”句的综合与交际性练习。

做《活动手册》第 90 页“一次有意思的旅行经历”。

（三）《活动手册》说明

1. 练习目的及方法

“连一连”（第 83 页）：本课语言点“是……的”句用法的练习。练习的目的是帮助学生熟练掌握“是……的”句的使用语境及疑问式的表达。

“用‘的’或‘了’完成下列对话”（第 84—85 页）：本课语言点“是……的”句与用“了”表示过去发生某件事的一般动词谓语句用法的练习。练习的目的是通过语境帮助学生区别上述两种句式的用法。

“看图完成对话”（第 86—87 页）：本课语言点“是……的”句肯定式用法的练习。

“看图完成对话”（第 88—89 页）：本课语言点“是……的”句否定式用法的练习。

“一次有意思的旅行经历”（第 90 页）：本课语言点“是……的”句的综合与交际性练习。训练的是学生的口语表达技能，练习的目的是训练学生将所学语言运用到实际的交际中。

“听听判断”（第 90 页）：本课课文的综合练习。

“看图完成对话”（第 91 页）：本课功能（说明过去动作的时间、地点、方式以及评价电影等娱乐活动）的练习。

“唱一唱”（第 92 页）：本课故事中的电影《功夫熊猫》是一部以中国功夫为主题的、充满中国元素的美国动作喜剧电影，借此让学生学习同样为海外所熟知的中国民歌《茉莉花》，它在中国和世界广为传颂，是中国文化的代表元素之一。

2. 练习参考答案

“看看贴贴”（第 82 页）：

按从左往右、从上到下的顺序，依次是：

（1）电脑 （2）电影 （3）功夫 （4）比赛 （5）京剧 （6）音乐会 （7）地铁

“连一连”（第 83 页）：

我的爷爷、奶奶来北京了。——他们是什么时候来的？

我今天迟到了。——你今天是什么时候到学校的？

我昨天去长城了。——你是怎么去的？

我的自行车坏了，所以今天我没骑自行车来学校。——你今天是怎么来的？

我昨天买了一本很有意思的书。——你是在哪儿买的？

星期六我去看京剧了。京剧很有意思。——你是在哪儿看的？

“用‘的’或‘了’完成下列对话”（第 84—85 页）：

（1）奶奶：八点了，你吃饭了吗？

Tom：吃了。

奶奶：你是什么时候吃的？

Tom：我是六点半吃的。

奶奶：你是在哪儿吃的？

Tom：今天是心爱的生日。我是在心爱家吃的。

（2）Tom：奶奶，您看，我今天买了一个新书包。

奶奶：很漂亮！你是在哪儿买的？

Tom：我是在商店买的。

奶奶：那个商店在哪儿？你是怎么去的？

Tom：那个商店在学校前边。我是走路去的。

“看图完成对话”（第 86—87 页）：

（1）Tom：你是新同学，对吗？

和子：对。

Tom：你是什么时候来北京的？

和子：我是七月八日来北京的。

（2）Tom：你是怎么来北京的？

和子：我是坐飞机来北京的。

（3）心爱：你今天为什么迟到了？

Tom：因为我起床起得很晚。

心爱：你是什么时候起床的？

Tom：我是八点起床的。

（4）心爱：八点没有校车了。你是怎么来学校的？

Tom：我是坐公共汽车来的。

（5）奶奶：你们是什么时候认识的？

Tom：我们是 2010 年认识的。

（6）奶奶：你们是在哪儿认识的？

Tom：我们是在学校认识的。

"看图完成对话"（第 88—89 页）：

（1）莉莉：你喜欢上什么课？

Tom：我喜欢上汉语课。

莉莉：你是去年开始学习汉语的吗？

Tom：我不是去年开始学习汉语的，我是 2011 年开始学习汉语的。

（2）奶奶：明天我和爷爷想去长城。你去过长城吗？

Tom：去过。

奶奶：你是坐公共汽车去的吗？

Tom：我不是坐公共汽车去的，我是坐地铁去的。

（3）贝贝：你周末看篮球比赛了吗？

Tom：看了。

贝贝：你是在体育馆看的吗？

Tom：我不是在体育馆看的，我是在家看的。

"听听判断"（第 90 页）：

（1）F （2）F （3）F （4）F （5）F （6）F （7）F （8）F

听力材料：

（1）和子周末去听音乐会了。

（2）Linda 周末去看京剧了。

（3）Tom、贝贝和心爱周末去看电影了。

（4）Tom 和心爱是在长城电影院看电影的。

（5）Tom 和心爱是昨天上午看电影的。

（6）心爱不喜欢那个电影，因为她觉得那个电影没有意思，音乐也不好听。

（7）Tom 是坐公共汽车去长城电影院的。

（8）Tom 不想和贝贝他们去看电影，因为他看过那个电影。

"看图完成对话"（第 91 页）：

Tom：周末你做什么了？

贝贝：我去看足球比赛了。

Tom：你是什么时候看的？

贝贝：我是星期六上午看的。

Tom：你是在哪儿看的？

贝贝：我是在北京体育场看的。

Tom：你是怎么去的？

贝贝：我是坐公共汽车去的。

Tom：比赛怎么样？

贝贝：比赛很有意思。

"分角色表演"（第 92 页）：

参考如下

A：周末你做什么了？

B：我去看电影《木兰》了。

A：你是什么时候看的？

B：我是星期六下午看的。

A：那个电影怎么样？

B：很有意思，音乐也很好听。

A：我也想去看那个电影。你是在哪儿看的？

B：我是在北京电影院看的。

A：那个电影院远不远？你是怎么去的？

B：不远，我是坐公共汽车去的。

"唱一唱"（第 92 页）：

《茉莉花》歌词对应的英文是：

Jasmine

What a beautiful jasmine flower,
What a beautiful jasmine flower,
With sweet smell and beautiful flowers blooming all over branches,
Fragrant and white that wins everyone's praise.

Let me pick you,

And give you to someone.

Jasmine flower, oh, jasmine flower!

五 教学小贴士

京剧

中国的戏曲是一种综合性的表演艺术，因地域不同而形成丰富多彩的剧种，而京剧是流行最广、影响最大、表演艺术最成熟的一个剧种，被称为中国的“国剧”。京剧是在北京形成的，至今已有 200 年的历史。

京剧的一大特点是脸谱。脸谱是演员脸部的一种彩色化妆，用各种色彩在演员脸上勾画出一定的图案，来展示人物的身份和性格。比如“红脸”表示忠诚勇敢，“黑脸”表示刚强公正，“白脸”表示奸诈等。

六 一课一测 Assessment

（一）根据听到的内容判断对错。 Listen to the recording and determine which is true or false (√/×).

1.		
2.		
3.		
4.	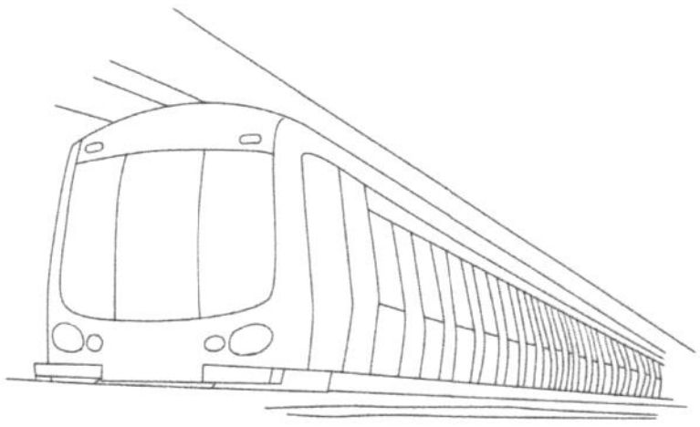	

（二）根据对话内容选出对应的图片。 Choose the right picture for each dialogue below.

A 

B 

C 

D 

1. A：你在做什么呢？
   B：我在上网呢。 □
2. A：你有新电脑了。你是在哪儿买的？
   B：我是在商店买的。 □
3. A：你是怎么去商店的？
   B：我是骑自行车去商店的。 □
4. A：你昨天是什么时候睡觉的？
   B：我是九点睡觉的。 □

（三）根据情境对话。 Make a dialogue according to the situation below.

You are talking with your classmate about an interesting experience you had last weekend.

1）Your classmate asks what you did last weekend.

2）You tell him or her that you went to watch a basketball game.

3）Your classmate is very interested in it. So he or she asks when and where you watched it, and how the game was.

“一课一测”参考答案

（一）根据听到的内容判断对错。

1. × 2. √ 3. × 4. ×

听力材料：

1. 我昨天去看电影了。
2. 爸爸给我买了一台新电脑。
3. 我今天是七点半到学校的。
4. 我今天是坐公共汽车来的。

（二）根据对话内容选出对应的图片。

1.B 2.D 3.A 4.C

（三）根据情境对话。

参考如下：

A：周末你做什么了？

B：我去看篮球比赛了。

A：你是什么时候看的？

B：我是星期六上午看的。

A：你是在哪儿看的？

B：我是在体育馆看的。

A：你是怎么去的？

B：我是做公共汽车去的。

A：比赛怎么样？

B：比赛很有意思。

第十一课　你哪儿不舒服

一　教学目标

（一）话题

谈健康

（二）功能

描述身体状况、请假

（三）语法

1. 结果补语（上、开、完、到、懂）
2. "把"字句
（1）主语 + 把 + 宾语 + 动词 + 结果补语（上、开、完）
（2）主语 + 把 + 宾语 + 动词 + 了
3. 程度副词"有（一）点儿"

（四）生词

1. 课文生词：

身体、舒服、把、空调（4）、关、头疼、嗓子（外）、疼、有点儿（外）、嘴（外）、张（4）、开、感冒、发烧（4）、药、喂、就、又（外）、生病、让、糖（4）、完

补充生词：

肚子（4）、门（3）、灯（4）、作业（3）

2. 按词性分类词汇表：

动词：关、头疼、开、感冒、喂、休息、生病、让、完

名词：身体、药

形容词：舒服、疼

副词：就

介词：把

（五）汉字

开、关、休

二 教学步骤

（一）导入

1. 导入方法：

问学生如果感冒了，会感到哪儿不舒服？怎么才能恢复身体健康？由此引出本课话题与学习内容。

2. 本课学习任务：

学会描述教学目标中所列的功能项目。

3. 课文故事简介：

本课讲述的是 Tom 感到身体不舒服，妈妈带他去医院看病，之后他在家休息一天所发生的故事。你知道 **Tom 得了什么病而没去学校上课**吗？**他在家做什么了？**

（二）生词

1. 读生词：步骤略。
2. 熟悉与记忆生词：参见“四、教学活动”的“（一）词汇”部分 1。
3. 讲练生词：参见“三、教学重点和难点”的“（一）重点讲练词汇”。
4. 巩固生词：做《活动手册》第 94 页“看看贴贴”。

（三）课文

1. 朗读课文：步骤略。
2. 帮助学生初步了解课文故事：教师提问课文故事简介中的问题（粗体字），学生回答。
3. 讲练结果补语，做教学活动语法部分活动 1—7、8（《活动手册》第 95 页“选用下列词语完成句子”）。
4. 讲练“把”字句，做教学活动语法部分活动 9—14、15（《活动手册》第 96—97 页“用‘把’和所给词语完成对话”），16（《活动手册》第 98 页“用‘把’回答下列问题”）。

5. 讲练程度副词“有（一）点儿”，做教学活动语法部分活动 17—18、19（《活动手册》第 99 页“用‘有点儿’和下列词语完成句子”），20（《活动手册》第 98 页“用‘有点儿’回答下列问题”）。

6. 检查对课文的理解及复习本课词汇和语言点，做《活动手册》第 102 页“听听判判”。

（四）交际与运用

做《活动手册》第 100—101 页“选用下列词语或短语完成对话”、第 103 页“分角色表演”。

（五）相关文化知识介绍

参见“五、教学小贴士”。

（六）学汉字：“开、关、休”

做《活动手册》第 103 页“写一写”。

（七）学儿歌

做《活动手册》第 103 页“唱一唱”。

三 教学重点和难点

（一）重点讲练词汇

1. 疼

扩展：头疼、嗓子疼、脚疼

2. 开

扩展：开门 / 灯 / 空调 / 电脑 / 电视

3. 关

扩展：关门 / 灯 / 空调 / 电脑 / 电视

4. 张

扩展：张嘴

（二）语法

1. 结果补语（上、开、完、到、懂）

在第五课和第九课我们介绍过“懂”和“到”可以用在动词后做结果补语，本课则系统介绍一下结果补语。

用在动词之后，说明动作结果的补语，叫结果补语。结果补语常常由动词或形容词充当。可以做结果补语的动词如“完、到、见、懂、开、上”，可以做结果补语的形容词如“好、对、多、早、晚、快、慢”。结果补语跟动词结合得很紧，中间不能插入其他成分，如助词“了”或宾语，它们要放在结果补语的后边。例如：

我听懂了。

我吃完午饭了。

他找到雨伞了。

请开快点儿。

动词带结果补语，常表示动作是完成了的，所以否定式一般用“没（有）”。例如：

你听懂了吗？——我没听懂。

有些动词或形容词经常做结果补语，要注意这些词的意义和用法。例如：

V+ 上：表示分开的事物合在一起，或者一件事物附着在另一事物上。例如：“关上门”“穿上衣服”。

V+ 开：表示完整的或在一起的事物分开。例如：“开开空调”“打开书”。

V+ 到：表示动作达到了目的。例如：“找到铅笔”“买到书”。

注意：

（1）结果补语的否定形式之后不能用“了”。

（2）动词后面有结果补语，也有宾语时，宾语要放在结果补语的后面，但如果宾语是确定的事物，也可以放在句首。例如“这本书我看完了”。

（3）教结果补语时，教师可先教抽象程度不强的，如“V+ 完 / 懂”等，再教意义比较抽象的，如“V+ 到 / 上”等。

2. “把”字句

由介词“把”加上名词或代词构成介宾短语，在句中充当状语的动词谓语句叫作

“把”字句。“把”字句常用来强调说明动作对某事如何处置以及处置的结果——使该事物位置发生了移动、状态发生了变化，或受到一定的影响等。

用“把”的句子与不用“把”的句子表达的意思是有所不同的。不用“把”的句子只是一般地叙述或说明动作者进行什么动作，而用“把”的句子则着眼于某一事物，强调通过动作该事物发生了什么变化或有什么结果。例如：

（1）A：你吃什么了？

B：我吃饺子了。（一般地叙述吃饺子这个动作。）

（2）A：饺子呢？

B：我把饺子吃了。（针对的是饺子，“我”通过“吃”这个动作，引起了“饺子”的变化：没有了。）

有时选择“把”字句，不完全是表达上的需要，而是结构上的要求，比如，主要动词后有结果补语“到”“在”“给”“成”时，必须使用“把”字句。本课暂不介绍“把”字句的这种表达。

“把”字句的基本格式是：S+ 把 +O+V+other element

本课所介绍的“把”字句是通过某个动作的处置对“把”后面的宾语产生某种影响或造成某种结果，有如下两种格式：

（1）S+ 把 +O+V+ the resultative complement

例如：你把空调关上。

（2）S+ 把 +O+V+ 了

例如：你把药吃了。

使用“把”字句应注意如下几点：

（1）“把”字句的主要动词一定是及物的，并带有处置或支配的意义。没有处置或支配意义的动词如“有、是、在、来、去、回、喜欢、知道、觉得”等，不能用于“把”字句。

（2）“把”字句的宾语一般是说话人心目中已经确定的。所以，不能说“我把一杯水喝了”，而只能说“我把那杯水喝了”。

（3）“把”字句的动词后，必须带有其他成分，如动态助词“了”或“着”，补语（如结果补语、趋向补语、情态补语），或动词重叠，说明动作的影响或结果。本课介绍的“把”字句，动词后面有动态助词“了”或结果补语。例如，不能说“你把那杯水喝”，只能说“你把那杯水喝了”或“你把那杯水喝完”。

（4）否定副词、能愿动词或表示时间的状语，必须放在“把”的前边。例如：

他没把空调关上。

你能把这些饺子吃完吗？

你现在把药吃了。

本课所介绍的句型：“你把药吃了吗？”否定的回答常只用“没有”，不再重复原句。

3. 程度副词“有（一）点儿”

“有（一）点儿”（“一”常常省略）用在某些形容词或动词前作状语，表示程度轻微。用在形容词前时，常表示评价和不如意的意思。例如：

莉莉今天有点儿不高兴。

今天我有点儿累，不想跑步。

你怎么了？——我有点儿发烧。

这本书怎么样？——有点儿难。

“有（一）点儿”与“一点儿”的用法不一样。“有（一）点儿”作状语，修饰后面的形容词或动词。“一点儿”可以作定语，修饰名词，表示少量。例如“今天早上我吃了一点儿面包”。“一点儿”也可用在形容词后做补语，表示程度轻微，但多用在比较的时候。例如：“这条裤子太短了，有长一点儿的吗？”

“有（一）点儿”和“太……了”不同，后者的程度比前者高。

四 教学活动

（一）词汇

1. 熟悉与记忆生词

（1）练习身体部位词语——“我说你指”

活动步骤：

A. 教师可先跟学生复习一下儿身体部位词语，如“头、嗓子、嘴、鼻子、肚子、眼睛、手、脚”，一边说一边指相应的身体部位。

B. 教师把学生分成两组。学生到教室前面分站两队，然后两队学生面对面站着。

C. 教师先让第一组学生每人分别说一个身体部位词语，第二组学生迅速用手指自己身体的相应部位。如果有的学生指错了，全组扣一分；如果都指对了，全组加一分。

D. 两组学生交换角色。最后得分多的组获胜。

（2）练习动词及描述身体状况的词语——“我做你说”

活动准备：

A. 把要练习的本课动词及描述身体状况的词语写在纸条上，如“开、关、头疼、发烧”，每张纸条上写一个词语，然后把纸条折好，字不要露出来。

B. 准备描述身体状况所需的用具，如体温计、擦鼻涕所用的纸巾。

活动步骤：

A. 教师可先带领学生一边说所要练习的词语一边做动作。例如说“感冒”时，教师用纸巾做擦鼻子的动作。

B. 教师叫一名学生到教室前面抽一张纸条，学生根据纸条上的词语做动作，其他学生用一个词语来描述这个动作。

C. 教师可让最先说对的学生在下一组练习中抽纸条、做动作。

注意：学生已抽过的纸条，教师不要放回去，以免学生再次抽到而重复做动作，从而使活动失去趣味。

2. 讲练生词

参见“三、教学重点与难点”的“（一）重点讲练词汇”。

3. 巩固生词

做《活动手册》第 94 页“看看贴贴”。

（二）语法

1. 结果补语

◆ **活动 1**

活动目的：通过动作演示帮助学生掌握结果补语“懂”的肯定式的用法（句中动词不带宾语）。

活动准备：在纸上写几个让学生在黑板上画画儿或写字的指令，如“请你画一个苹果”“请你写‘日’”。每张纸上写一个指令。

活动步骤：

（1）拿起其中一个指令展示给学生，如“请你画一个苹果”，对一个学生说“请你看”，然后问“你懂了吗？”，如学生回答“懂了”，教师让他按指令做。学生做完后，教师指着指令和黑板上学生画的苹果，问另一个学生“他看懂了吗？”。

（2）教师以上面的例子说明结果补语的用法。可这样说明：教师向学生展示指令，然后指着画苹果的学生说“他看”，再指着黑板上的苹果说“他懂了。他画苹果。我们可以说‘他看懂了’”。

（3）教师说一个指令，如“请你画一个香蕉”，然后问一个学生“你听懂了吗？”，学生如回答“听懂了”，教师让他按指令做。学生做完后，教师再问其他学生“他听懂了吗？”。

（4）同步骤 1 和 3，教师换其他指令，问学生是否看懂或听懂，引导学生练习用“看懂”“听懂”表达。

◆ **活动 2**

活动目的：通过动作演示帮助学生掌握结果补语“完”的肯定式的用法（句中动词不带宾语）。

活动准备：准备一小杯水，放在讲桌上。

活动步骤：

（1）拿起讲桌上的水对学生说“老师现在喝水”，然后把水喝完，边向学生展示空杯子边说“现在水没有了”，然后问“老师喝完了吗？”。

（2）教师以上面喝水的动作为例说明结果补语“完”的用法。

（3）叫几个学生在十秒内在黑板上写五个“大”字。时间到的时候，学生都要停笔，然后在自己所写的字旁边写上名字和所写的字数。

（4）教师指着写了五个字的学生的字问“……写了几个字？”，学生回答“他写了五个字”，教师再问“他写完了吗？”。

（5）同步骤 3，教师让学生到黑板上写其他字或画画儿，然后问“谁写完了？”

或“谁画完了？”，引导学生练习用“写完”“画完”表达。

◆ 活动 3

活动目的：通过动作演示帮助学生掌握结果补语“到”的肯定式的用法（句中动词带宾语）。

活动准备：把一支铅笔藏到书里或书包里。

活动步骤：

（1）教师问学生“你们知道我的铅笔在哪儿吗？”，学生回答“不知道”。教师再说“现在我找铅笔”，边说边装作在桌上、书包里翻找铅笔，最后铅笔露了出来，教师举着铅笔说“铅笔在这儿”，然后问学生“老师找到铅笔了吗？”。

（2）教师重复上面找铅笔的动作，边做边说明结果补语“到”的用法及宾语在句中的位置。

（3）可再举其他例子来说明“到”的用法。例如：教师拿起一本书说“昨天我去买书。我有书了。所以昨天我买到书了”。教师还可以问学生“……（校长或其他老师的名字）今天在学校吗？”，如果学生回答“不知道”，教师则说“……今天在学校。因为今天我看到他（她）了”。如果学生回答“在学校”，教师则问“为什么你知道……在学校？你今天看到他（她）了吗？”。

（4）可再问学生“你今天看到……（班上学生的名字）了吗？”，引导学生练习用“看到”表达。

◆ 活动 4

活动目的：通过动作演示帮助学生掌握结果补语“开”和“上”的肯定式的用法（句中动词带宾语）。

活动步骤：

（1）如果教室的门是关着的，教师对一个学生说“请你开门”，然后指着已打开的门问其他学生“门开了吗？”，学生回答后教师再问“……（开门的学生名字）开开门了吗？”。

（2）教师说明结果补语“开”的用法，并说明“开”还可表示电源开了的意义，如“开开灯 / 空调 / 电脑 / 电视”等，教师可边说边做动作说明。

（3）教师做动作，如张开嘴，或做开灯 / 空调 / 电脑 / 电视的动作，引导学生用结果补语“开”来描述。

（4）对一个学生说“请你关门”，然后指着已关上的门问其他学生“……（关门的学生名字）关上门了吗？”。

（5）教师说明结果补语“上”的用法，并说明“上”还可表示电源关了的意义，如“关上灯 / 空调 / 电脑 / 电视”等，教师可边说边做动作说明。

（6）做动作，如关灯 / 空调 / 电脑 / 电视，引导学生用结果补语“上”来描述。

◆ 活动 5

活动目的：通过根据动作用结果补语描述来帮助学生进一步掌握上述结果补语肯定式的用法。

活动准备：

（1）在纸上写一些带结果补语的指令，指令中要使用不同的动词。每个指令写在一张纸条上，然后把纸条折好，字不要露出来。指令参考如下：

请你吃完苹果（香蕉 / 饺子 / 面包）。

请你喝完水（可乐 / 果汁）。

请你开开门（灯）。

请你关上门（灯）。

请你找到北京（上海）。

（2）准备一些食品、饮料图片，如：苹果、香蕉、饺子、面包、水、可乐、果汁。在活动中教师可把这些图片平摊在桌子上。

（3）准备一张中国地图，贴在黑板上，地图上面标注北京和上海。教师也可用 PowerPoint 制作成幻灯片的形式。

活动步骤：

（1）教师叫一个学生到教室前面抽一张纸条，学生要根据纸条上的指令做动作。教师可先做一下示范，如抽到“请你吃完苹果”，教师从桌子上找到苹果图片，拿起来做吃的动作，然后把图片放到桌子上，伸出空空的双手，表示没有了；抽到“请你找到北京”则在地图上找到北京，并用手指出来。

（2）坐在下面的学生要用结果补语来描述教室前面的学生所做的动作。例如“……吃完苹果了”。

（3）教师可叫最先说对的学生在下一组练习中抽纸条、做动作。

◆ 活动 6

活动目的：通过动作演示帮助学生掌握结果补语否定式的用法。

活动准备：

（1）准备一玻璃杯水，一个苹果或香蕉，放在讲桌上。

（2）在纸上用汉字写一些学生没学过的句子，如“你看过京剧吗？”“你喜欢什么运动？”，每张纸上写一个句子。

（3）准备一段学生没学过的中国歌或一段京剧。

活动步骤：

（1）叫三个学生在十五秒内在黑板上画十个苹果或其他容易画的物品，教师可参与到其中，故意画得很慢，所画的个数少于十个。时间到的时候，学生都要停笔，然后在自己所画的苹果旁写上名字和所画的个数。

（2）教师指着自己画的苹果问学生“老师画了几个苹果？”，比如学生回答“老师画了八个苹果”，教师再问“老师画完了吗？”。

（3）教师说明结果补语的否定形式，一般在动词前加“没（有）”，如“老师没画完”。

（4）教师指着黑板上总数少于十的苹果问“……（画苹果的学生名字）画完了吗？”，学生练习用结果补语的否定式回答。

（5）教师可做如下动作，然后向学生提问，引导学生练习用结果补语的否定式表达。

教师拿起事先准备的水，喝一口，然后问“老师喝完了吗？”。

教师拿起苹果或香蕉，吃一口，然后问“老师吃完了吗？”。

教师向学生展示用汉字写的句子，问“你看懂了吗？”。

教师给学生听一段学生没学过的中国歌或一段京剧，问“你听懂了吗？”。

◆ 活动 7

活动目的：通过交际性问答练习帮助学生巩固结果补语（肯定式与否定式）的用法。

活动准备：

（1）在纸条上写一些带结果补语的问句，这些句子要用不同的动词，如“看”“听”“关”“开”，且有些问句需要学生用否定式回答。每张纸条上写一个句子，写好后，教师把纸条折好，字在里面，然后在纸条外面写上数字序号，放进一个盒子里。问句参考如下（句后提示为教师提问时需做的动作）：

你上完汉语课了吗？

你学完（看完）这本汉语书了吗？（教师拿起学生正在学的汉语书）

你做完昨天的作业了吗？

你看懂了吗？（教师出示用拼音写的句子）

你看懂了吗？（教师出示用汉字写的句子）

你听懂了吗？（教师放一段本书中学生学过的歌曲或绕口令）

你听懂了吗？（教师放一段学生没学过的歌曲或中文对话）

你今天看到……（班上一个学生的名字或校长、其他教师的名字）了吗？

老师关上门了吗？（教师做关门的动作，但是只关了一半，或做开门的动作）

老师开开灯了吗？（教师把灯关上）

（2）在纸条上用拼音写一些学生学过的句子，每张纸条上写一个句子。例如：“Nǐ

xǐhuan shénme yùndòng？”

（3）在纸条上用汉字写一些句子，句中有学生没学过的汉字，每张纸条上写一个句子。例如：“你去过长城吗？”

（4）准备一段学生学过的歌曲或绕口令和一段学生没学过的歌曲或中文对话。

（5）参照附录《课堂活动方法》“叫学生回答问题的策略”中“‘随机’抽名字”的方法，教师准备学生名字纸条，然后放进一个盒子里。

活动步骤：

（1）参照附录《课堂活动方法》“叫学生回答问题的策略”中“‘随机’抽名字”的方法，教师叫学生回答问题。教师随机抽一张学生名字纸条，纸条上写着谁的名字谁就要回答问题，然后教师在问题纸条中随机抽一张，向该学生提问纸条上的问题。

注意：教师提问时要按提示做动作。

（2）学生回答后教师再分别把学生名字纸条和问题纸条放回去，然后再重新各抽一张，下一个学生回答问题。

注意：教师在抽学生名字纸条时要偶尔抽一张已回答过问题的学生名字纸条，以确保每个学生都在认真参与活动。教师在抽问题纸条时要注意每次尽量抽不同的问题，根据学生的练习情况，可偶尔抽已问过的问题。教师可通过纸条外面的数字编号来掌控。

◆ 活动 8

活动目的：帮助学生进一步巩固结果补语的用法。

做《活动手册》第 95 页“选用下列词语完成句子”。

2.“把”字句

◆ 活动 9

活动目的：通过动作演示导入并帮助学生初步掌握“把”字句（动词后加结果补语）强调通过某个动作的处置对“把”后面的宾语造成某种结果的用法。

活动步骤：

（1）如果教室的灯是开着的，教师把灯关上，问学生“老师做什么了？”，学生回答“老师关灯了”。教师再问“灯怎么样了？”，如果学生不知道怎么回答，教师可再问“灯关上了吗？”，学生回答后教师告诉学生可以这样表达“老师把灯关上了”，并写在黑板上。

（2）教师可再重做一遍关灯的动作，边做边说明“把”字句这种强调通过某个动作的处置对“把”后面的宾语造成某种结果的用法及其格式（主语＋把＋宾语＋动词＋结果补语）。

（3）如果教室的灯是开着的，教师先把灯关上，然后再打开，边做边说“老师开灯。现在灯怎么样了？”，引导学生用“把”字句描述“老师把灯开开了”。

（4）同步骤3，教师做动作，如开、关门/电脑/电视/空调，引导学生练习用“把”字句描述。

◆ 活动 10

活动目的：通过动作演示导入并帮助学生初步掌握“把”字句（动词后加“了”）强调通过某个动作的处置对“把”后面的宾语产生某种影响的用法。

活动准备：准备一杯水、一杯茶或咖啡、一块糖、一小块蛋糕或面包，放在讲桌上。

活动步骤：

（1）教师拿起事先准备的水做喝水的动作，问学生“老师现在做什么呢？”，学生回答“老师喝水呢”。教师喝完水，展示给学生空杯子，问“水呢？”，学生可能回答“没有了”。教师告诉学生可以这样表达“老师把水喝了”，并写在黑板上。

（2）教师以上面喝水的动作为例说明“把”字句这种强调通过某个动作的处置对“把”后面的宾语产生某种影响的用法及其格式（主语＋把＋宾语＋动词＋了）。

（3）教师做动作，如喝茶/咖啡、吃糖/蛋糕/面包，引导学生用“把”字句来描述。例如教师做吃糖的动作，问学生“糖呢？”，学生要说“老师把糖吃了”。

◆ 活动 11

活动目的：通过根据动作用“把”字句描述来帮助学生进一步掌握上述“把”字句的两种用法。

活动准备：

（1）准备一些用“把”字句的指令，每个指令写在一张纸条上，然后把纸条折好，字要在里面。指令参考如下：

请你把苹果（香蕉/饺子/面包）吃了。

请你把水（可乐/果汁）喝了。

请你把门（灯）开开。

请你把门（灯）关上。

（2）可利用活动5中的食品、饮料图片，把这些图片贴在黑板上。

活动步骤：

（1）叫一个学生到教室前面抽一张纸条，学生要根据纸条上的指令做动作。例如抽到“请你把苹果吃了”，学生要从黑板上把苹果图片拿下来，做吃的动作。

（2）坐在下面的学生要根据所看到的动作用“把”字句来描述。教师可根据情况用提问的方式来引导学生。例如指令是“请你把苹果吃了”，教师问“苹果呢？”，学生要回答“……把苹果吃了”。

（3）可叫最先说对的学生在下一组练习中抽纸条、做动作。

◆ 活动 12

活动目的：通过动作演示导入“把”字句（动词后加结果补语）的否定式，并帮助学生初步掌握这种否定形式。

活动准备：准备一杯茶、一个苹果或香蕉，放在讲桌上。

活动步骤：

（1）教师喝一点儿茶，不要喝完，然后问学生“老师把茶喝完了吗？”，学生可能回答“老师把茶没喝完”，教师说出正确表达“老师没把茶喝完”，并写在黑板上。

（2）教师说明“把”字句（动词后加结果补语）的否定式是把否定副词放在“把”的前边。

（3）教师吃一口苹果（或香蕉），然后问学生“老师把苹果（或香蕉）吃完了吗？”，引导学生练习用否定式回答。

（4）让学生在十秒内写二十个“小”字。时间到的时候，每个学生都要停笔。

（5）把学生分成两人一组。每组中的学生要数出同组另一个学生所写的字数。然后教师问学生“你们把字写完了吗？”，每个学生要用“把”字句回答同组另一学生是否写完。例如“……没把字写完”。

◆ 活动 13

活动目的：通过根据动作回答问题来帮助学生进一步掌握上述“把”字句的否定式。

活动步骤：

（1）每次叫一个学生到教室前面根据教师的指令做动作。教师要小声说指令，不要让其他学生听到。指令参考如下：

请你把门（灯）开开。

请你把门（灯）关上。

（2）学生做完动作后，教师向坐在下面的学生提问，问句中要用其他词替换指令中“把”的宾语或动词，引导学生用“把”字句的否定式来回答。例如指令是“请你把门开开”，教师可问“他把灯开开了吗？”或“他把门关上了吗？”。

（3）教师可让最先说对的学生在下一组练习中做动作。

◆ 活动 14

活动目的：通过动作演示导入“把”字句（动词后加“了”）的否定式，并帮助学生掌握这种否定形式。

活动准备：

（1）准备一杯水，放在讲桌上。

（2）利用活动 3 中食品、饮料的图片。

活动步骤：

（1）教师把讲桌上的水喝完，然后问学生“老师把茶喝了吗？”，学生可能回答“老师没把茶喝（了）”，教师说出正确的表达“没有”。

（2）教师说明“把”字句（动词后加“了”）的否定式是“没有”。

（3）教师拿起一张食品或饮料图片，做吃或喝的动作，然后用非图片中的事物问学生“老师把……吃（喝）了吗？”，引导学生用“把”字句的否定式来回答。例如教师拿起香蕉图片，问“老师把苹果吃了吗？”。

◆ 活动 15

活动目的：帮助学生巩固“把”字句的用法。

做《活动手册》第 96—97“用‘把’和所给词语完成对话”。

◆ 活动 16

活动目的：通过交际性练习帮助学生进一步巩固“把”字句的用法。

做《活动手册》第 98 页“用‘把’回答下列问题”。

3. 程度副词“有（一）点儿”

◆ 活动 17

活动目的：通过程度对比帮助学生掌握“有（一）点儿”的用法。

活动准备：教师可参照如下信息用 PowerPoint 制作成幻灯片的形式。

注意：

（1）每组第一行要用不同的数字表示程度的不同；第二行是对第一行每个数字信息的评价。

（2）演示时每组先显示第一行，然后再显示第二行第一个评价，后两个评价在学生做出评价后再显示。

PPT 参考如下（如果当地的气温用华氏表示，教师可把下面的摄氏温度改为相应的华氏温度）：

书包	50 块	100 块	150 块
	不贵	有点儿贵	很贵
北京的夏天	25℃	30℃	35℃
	不热	有点儿热	很热
北京的冬天	8℃	2℃	–4℃
	不冷	有点儿冷	很冷
Tom 的鞋	5 号	6 号	7 号
	不大不小	有点儿大	很大

上课时间	8：00	7：30	7：00
	不早不晚	有点儿早	很早
Tom 的睡觉时间	9：30	10：00	10：30
	不早不晚	有点儿晚	很晚

活动步骤：

（1）教师出示“书包”组第一行，然后出示第二行第一个评价“不贵”，对学生说“书包五十块不贵。一百五十块贵吗？”，学生回答“很贵”；教师再问“一百块贵吗？”，如学生回答“贵”，教师再问“很贵吗？”，学生可能回答“不很贵”，教师告诉学生可以这样表达“一百块有点儿贵”，然后出示第二行后两个评价“有点儿贵”和“很贵”。

（2）教师通过上面书包的价格对比说明“有点儿”的用法。

（3）同步骤 1，教师出示其他组信息。教师先评价每组第一个信息，引导学生用“有点儿”和“很”评价后两个信息。例如教师出示第四组时说“Tom 穿 5 号鞋不大不小”，然后分别问“穿 7 号鞋怎么样”“穿 6 号鞋怎么样？”。

◆ 活动 18

活动目的：通过情境设置帮助学生进一步掌握“有（一）点儿”的用法（描述身体状况）。

活动步骤：

（1）问学生刚刚感冒时哪儿会有点儿疼或不舒服？学生可能回答“有点儿嗓子疼”“有点儿鼻子不舒服”，教师可用提问的方式引导学生说出正确的表达“嗓子有点儿疼吗？”“鼻子有点儿不舒服吗？”。

（2）列出正常体温、发烧和有点儿发烧三个不同体温，如 37 度、38 度、37.5 度，分别问学生是否发烧，引导表达“有点儿发烧”。

（3）教师可问学生如下问题，引导学生练习用“有点儿”表达。破折号后面为答案。

如果你写字写了两个小时，哪儿累？——手有点儿累。

如果你看书看了两个小时，哪儿累？——眼睛有点儿累。

如果你走路走了两个小时，哪儿累？——脚有点儿累。

如果你喝了坏了的牛奶，哪儿疼？——肚子有点儿疼。

◆ 活动 19

活动目的：帮助学生巩固“有（一）点儿”的用法。

做《活动手册》第 99“用‘有点儿’和下列词语完成句子”。

◆ 活动 20

活动目的：结合本课描述身体状况的功能，帮助学生进一步巩固“有（一）点儿”

的用法。

做《活动手册》第 98 页“用‘有点儿’回答下列问题”。

（三）《活动手册》说明

1. 练习目的及方法

“选用下列词语完成句子”（第 95 页）：本课语言点结果补语（上、开、完、到、懂）用法的练习。

“用‘把’和所给词语完成对话”（第 96—97 页）：本课语言点“把”字句用法的练习。

“用‘把’回答下列问题”（第 98 页）：本课语言点“把”字句用法的交际性练习。教师可先让学生各自在活动手册上完成，然后把学生分为两组，每组各选一名学生读答案，同组学生可做补充，两组比赛看哪组说的“把”字句多且正确。

“用‘有点儿’回答下列问题”（第 98 页）：本课语言点“有点儿”和功能（谈身体状况）的练习。

“用‘有点儿’和下列词语完成句子”（第 99 页）：本课语言点“有点儿”用法的练习。

“选用下列词语或短语完成对话”（第 100—101 页）：本课功能（描述身体状况、请假）的练习。

“听听判断”（第 102 页）：本课课文的综合练习。

“分角色表演”（第 103 页）：本课功能的交际性练习。教师可先让学生仿照 100—101 页“选用下列词语或短语完成对话”进行会话练习，然后让学生到教室前面表演对话 2。教师可事先准备一些看病时所需要的道具，如体温计、药瓶等。

“唱一唱”（第 103 页）：本课的主要语言点是“把”字句和结果补语，而儿歌《小兔子乖乖》中反复唱“把门开开”“快点儿开开”，可以帮助学生巩固所学语言点。

2. 练习参考答案

“看看贴贴”（第 94 页）：

按从左往右、从上到下的顺序，依次是：

（1）开　（2）关　（3）药　（4）发烧　（5）休息　（6）头疼　（7）感冒

“选用下列词语完成句子”（第95页）：

（1）贝贝喝完水了。

（2）Tom 吃完苹果了。

（3）爸爸开开电脑了。

（4）妈妈关上电视了。

（5）Tom 找到雨伞了。

（6）爷爷没听懂。

“用‘把’和所给词语完成对话”（第96—97页）：

（1）妈妈：你把作业写完再看电视。

（2）妈妈：你把药吃了吗？

（3）Tom：我把电影看完就写作业。

（4）妈妈：帮我把门开开。

（5）妈妈：把电脑关上，睡觉吧。

（6）妈妈：五分钟了，你还没把电脑关上？

贝贝：妈妈，我再玩一分钟就把电脑关上。

“用‘把’回答下列问题”（第98页）：

参考如下

（1）我要把门开开、把灯开开、把电脑开开、把空调开开。

（2）我要把电视关上、把电脑关上、把门关上、把灯关上。

（3）我要把作业写完、把书看完。

“用‘有点儿’回答下列问题”（第98页）：

（1）我眼睛有点儿累 / 疼。

（2）我手有点儿累 / 疼。

（3）我脚有点儿累 / 疼。

（4）我肚子有点儿疼。

（5）我头有点儿疼、嗓子有点儿疼、鼻子有点儿不舒服。

“用‘有点儿’和下列词语完成句子”（第99页）：

（1）这条裤子有点儿短。

（2）这双鞋有点儿大。

（3）这个书包有点儿贵。

（4）今天有点儿热。

（5）今天 Tom 有点儿累。
（6）今天心爱有点儿发烧。

"听听判断"（第 102 页）：

（1）F （2）F （3）F （4）F （5）F （6）F （7）F （8）F

听力材料：

（1）Tom 的妈妈今天身体不舒服。
（2）Tom 手疼、嗓子疼，眼睛也有点儿不舒服。
（3）Tom 感冒了，但是不发烧。
（4）因为 Tom 今天很累，所以医生让他在家休息一天。
（5）医生说这些药每天吃三次。
（6）Tom 让妈妈把电脑开开，因为他想看电影。
（7）Tom 把药吃了。他觉得药很好吃。
（8）Tom 不想睡觉，因为他想吃糖。

"选用下列词语或短语完成对话"（第 100—101 页）：

（1）心爱：你怎么了？
Tom：我身体不舒服。
心爱：你去医院看看吧。
（2）医生：你哪儿不舒服？
Tom：我头疼，嗓子也有点儿疼，鼻子也不舒服。
医生：把嘴张开，我看看。
（3）医生：你感冒了，还有点儿发烧。吃点儿药吧。这些药每天吃两次。
Tom：今天我可以不去学校吗？
医生：可以。你要多喝水，多休息。
（4）Tom：老师，我是 Tom。今天我生病了。医生让我在家休息一天，所以今天我不能去上课了。
老师：好，你在家休息吧。

"分角色表演"（第 103 页）：

参考如下

对话（1）

老师：你怎么了？
学生：我身体不舒服。
老师：你去学校的医院看看吧。

对话（2）

医生：你哪儿不舒服？

学生：我头疼，嗓子疼，鼻子也有点儿不舒服。

医生：把嘴张开，我看看。

你感冒了，还有点儿发烧。

吃点儿药吧。这些药每天吃两次。要多喝水，多休息。

学生：我今天可以不上课吗？

医生：可以。你休息一天吧。

对话（3）

学生：老师，医生说我感冒了，还有点儿发烧，让我休息一天，所以今天我不能上课了。

老师：好，你休息吧。

"唱一唱"（第103页）：

《小兔子乖乖》歌词对应的英文是：

The Little Cute Rabbit

The little cute rabbit, please open the door.

Please hurry up, I will come in.

No, no, I will not open the door.

If Mom doesn't come back, I will not open the door for anyone.

The little cute rabbit, please open the door.

Please hurry up, I will come in.

Will open, will open, I will open the door.

Mom just comes back, and I will open the door.

五 教学小贴士

中医（Traditional Chinese Medicine）

中医的历史很悠久，其理论和治疗方法受中国古代"天人合一"的哲学思想和"阴阳五行"学说的影响，注重人的整体和人体的阴阳平衡。中医认为人体是一个有机整体，各个组织、器官都是互相联系、互相影响的，因而不是头痛医头，脚痛医脚，而要从整体的角度来对待疾病的治疗与预防。中医还认为人与自然界也是一个统一的整体，自然界的变化可直接或间接地影响人体。另外，中医认为人是由阴阳两大类物质构成的，阴阳二气相互对立而又相互依存。当两者处于一种动态的平衡之中，人体就处于正常的生理状态之下，而当动态平衡受到破坏之时，人体就处于病态之中。

中医诊断病情的基本方法是“望、闻、问、切”四诊法。“望”就是要看病人的面色、舌体、舌苔等；“闻”就是听病人的声音和闻气味；“问”就是询问病人病情；“切”就是按病人的脉搏。

中医的治疗方法有中药、针灸、按摩、气功等。

中药是利用植物、动物的某些部分，或者某些矿物质，通过煎、焙等方法，来发挥药性、治疗疾病的。

针灸是中国古老的治疗方法。针和灸是两种不同的疗法，是用特制的针或热的艾条刺激特定的穴位，以达到打通经脉、调和气血、治疗疾病的目的。

六 一课一测 Assessment

（一）根据听到的内容选出答案。 Listen to the recording and choose the right answer for each question.

1.	A 我知道	B 我身体很好	C 没事儿
2.	A 很好	B 我生病了	C 我头疼
3.	A 我把药没吃	B 没有	C 我没把药吃了
4.	A 我把电脑没关上	B 我没把电脑关上	C 我没把电脑关

（二）为每幅图选择一个与其相符的表达。 Choose the right statement for each picture below.

1. 

A 我头疼。
B 我嗓子疼。
C 我鼻子不舒服。

2. 

A 生病了，要多休息。
B 要多睡觉。
C 要多喝水。

3. 

A 我的脚有点儿大。
B 这双鞋有点儿大。
C 这双鞋有点儿小。

4.

A 他把空调关上了。
B 他没把空调开开。
C 他没把空调关上。

5.

A 我把饺子吃完了。
B 我把包子吃完了。
C 我没把饺子吃完。

（三）根据情境对话。 Make a dialogue according to the situation below.

You are an exchange student in a middle school in China.

1）You look very sick when you are having breakfast with your host family in China. Your host mother asks what the matter is with you, and she would like to take you to go to see a doctor.

2）You are seeing a doctor in a Chinese hospital now. You tell him or her how you feel uncomfortable in detail. After the check-up, the doctor tells you what the problem is with you and gives you some suggestions, and asks you to rest at home today.

3）As you are sick and are not able to go to the school today, you call your teacher and tell him or her what happened with you and ask for one-day leave.

“一课一测”参考答案

（一）根据听到的内容选出答案。

1.C　2.C　3.B　4.B

听力材料：

1. 你怎么了？

2. 你哪儿不舒服？

3. 你把药吃了吗？

4. 你把电脑关上了吗？

（二）为每幅图选择一个与其相符的表达。

1.C　2.C　3.B　4.C　5.C

（三）根据情境对话。

参考如下：

对话 1

A：你怎么了？

B：我身体不舒服。

A：我们去医院吧。

对话 2

C：你哪儿不舒服？

B：我头疼，嗓子疼，鼻子也有点儿不舒服。

C：把嘴张开，我看看。

你感冒了，还有点儿发烧。

吃点儿药吧。这些药每天吃两次。要多喝水，多休息。

B：今天我可以不去学校吗？

C：可以。你在家休息一天吧。

对话 3

B：老师，我是……。今天我生病了。医生让我在家休息一天，所以今天我不能去上课了。

D：好，你在家休息吧。

第十二课　暑假你想做什么

一　教学目标

（一）话题

谈假期打算

（二）功能

谈打算（假期打算）

（三）语法

全书主要语言点总复习

（四）生词

1. 课文生词：

放假（4）、暑假（4）、海边（外）、旅行（外）、火车（4）、南（4）、地方（外）、国家（4）、见面（4）、网（内）、见（4）、带（4）

专有名词：

西安（外）、上海（外）、澳大利亚（外）

（五）汉字

再、见

二 教学步骤

（一）导入

1. 导入方法：

教师问学生假期打算做什么，由此引出本课话题与学习内容。

2. 本课学习任务：

学会谈打算（假期打算）。

3. 课文故事简介：

本课讲述的是学年最后一天 Tom 和小伙伴们谈论各自的假期打算的故事。**Tom 暑假要回美国。**你知道**他打算在美国做什么**吗？**暑假他可以跟小伙伴们见面吗？**

（二）生词

1. 读生词：步骤略。

2. 熟悉与记忆生词：参见“三、教学活动”的“（一）词汇”部分 1。

（三）课文

1. 朗读课文：步骤略。

2. 帮助学生初步了解课文故事：教师提问课文故事简介中的问题（粗体字），学生回答。

3. 检查对课文的理解及复习本课词汇和语言点，做《活动手册》第 108 页“听听判断”。

4. 词语综合复习：参见“三、教学活动”的“（一）词汇”部分 2、3（《活动手册》第 104 页“词语归类”、105 页“找不同”）。

5. 语言点综合复习：做教学活动语法部分活动 1、2（《活动手册》第 106—107 页“选择正确的句子完成下列对话”）。

6. 课文扩展练习：做《活动手册》第 108 页“视频聊天”。

（四）交际与运用

做《活动手册》第 109 页“你的同学假期打算做什么”、110 页“中国之旅计划”。

（五）相关文化知识介绍

参见“五、教学小贴士”。

（六）学汉字：“再、见”

做《活动手册》第 111 页“写一写”。

（七）学古诗

做《活动手册》第 111 页“读古诗”。

三 教学活动

（一）词汇

1. 熟悉与记忆生词

（1）猜猜少了什么词

活动准备：

教师把本课所要练习的词语各写在一张卡片上，字要写大些，能让学生看清楚。

活动步骤：

a. 教师每次选四张卡片举起来，让学生看几秒钟，记住这些词，然后教师把这四张卡片收起，从中间抽走一张，不要让学生看见。

b. 把剩下的三张卡片再举起来，让学生猜抽走的是什么词。

小贴士：

在活动中如果教师发现学生有没有记住的词，在后面组活动中可把该词作为抽走的词，需要学生说出来，以此帮助学生加深对词语的印象。

（2）找字组词

活动准备：教师把本课的双音节词拆开，把每个音节的字分别写在一张卡片上。卡片数与学生人数一致。如果学生人数是单数，卡片数则是学生人数 +1 张。

活动步骤：

a. 教师让每个学生抽一张卡片。如果学生人数是单数，教师可与学生一起抽卡片、组词。

b. 学生要找到能与自己的卡片拼成词语的另一张卡片，然后两个学生一起把卡片交还给教师。例如一个学生手中的卡片是“火”，另一个学生手中的卡片是“车”，两个学生的卡片可以组成“火车”。

c. 教师可以给最先组成词的两个学生小奖励。

2. 复习词语

（1）同类词语排队

活动目的：按类别综合复习词语（本课出现的词语的主题类别）

活动准备：

a. 教师把课文中出现的词语按主题进行归类，然后每类写出一些学生已学过的词语，除本书中新学的词语外，根据需要教师可加入学生以前学过的词语。教师把每个词语分别写在一张卡片上。词语分类参考如下（斜体字为本课出现的词语）：

交通工具：*火车*、*飞机*、公共汽车、自行车、地铁

处所：*海边*、车站、教室、动物园、家、学校、商店、医院、图书馆、体育馆、电影院

方位：*南*、前、后、左、右、上、下、里面、外面、旁边

运动：*游泳*、跑步、踢足球、打篮球

动作：*旅行*、*上网*、*读书*、*画画儿*、运动、爬山、唱歌、跳舞、洗澡、休息、听、写、问、说、找、买、卖、拿

称谓：*爷爷*、*奶奶*、先生、小姐

季节：*夏天*、*冬天*、春天、秋天

天气：*冷*、*热*、下雨、下雪、刮风

服饰：*裙子*、裤子、衣服、鞋

学习用品：*电脑*、铅笔、书包

b. 准备与学生排队队数相应的数字卡片，如每次活动学生要排四队，教师就准备从“1”到“4”的数字卡片，一张卡片写一个数字。

活动步骤：

参考附录《课堂活动方法》“词语的练习方法”中“同类词语排队”。

小贴士：

a. 有的类别词语较多，如处所、动作等类别，教师可让学生分次进行练习。有的类别词语学生易混淆，如运动与动作、季节与天气，这样的词语最好不同次进行练习。

b. 教师抽出的、作为队首的词语最好首选本课生词或课文中出现的词语，以这种突出的方式来帮助学生巩固本课词语。

（2）词语联想

活动目的：按类别综合复习词语（本书其他课出现的词语的主题类别）

活动准备：

教师把本课未出现而其他课出现的词语按主题进行归类，然后每类写出学生已学过的词语，除本书中新学的词语外，教师可加入学生以前学过的词语。参考如下（斜

体字为本书中其他课的生词，包括补充词汇）：

时间：*中午*、*今年*、*去年*、早上、晚上、上午、下午、今天、明天、昨天、现在

语言：*汉语*、*英语*、*法语*、*西班牙语*

食品：*面条*、*饺子*、*蛋糕*、*面包*、*鸡蛋*、*菜*、米饭、包子

水果：*西瓜*、苹果、香蕉

饮料：*果汁*、水、茶、可乐

动物：*老虎*、*猴子*、熊猫、猫、狗、鸟、鱼

颜色：*蓝*、*黑*、*白*、红、黄、绿

身体部位：*嘴*（*口*）、*嗓子*、*肚子*、鼻子、手、耳朵、脚

活动步骤：

参考附录“词语的练习方法”中“词语联想”。

（3）翻牌说反义词

活动目的：综合复习具有相反义的形容词

活动准备：

a. 教师列出学生已学过的具有相反义的形容词，然后把每个词分别写在一张卡片上。反义词组参考如下：

热——冷、快——慢、远——近、大——小、多——少、长——短、胖——瘦、饱——饿、男——女

b. 和 c. 参考附录一“词语的练习方法”中“翻牌说词语”的活动准备 B. 和 C.。

活动步骤：

参考附录“词语的练习方法”中“翻牌说词语”。

（4）翻牌说数量词

活动目的：综合复习量词

活动准备：

a. 教师列出学生已学过的量词及能与之搭配的名词，然后把每个词分别写在一张卡片上。注意：一个量词可以对应多个名词，名词尽量选本书中的生词。量词与名词搭配参考如下：

个——面包、西瓜、苹果、香蕉；斤——菜、西瓜、苹果、香蕉；杯——果汁、茶、牛奶；本——书；件——衣服；双——鞋；条——裤子、裙子

b. 和 c. 参考附录“词语的练习方法”中“翻牌说词语”的活动准备 B. 和 C.。

活动步骤：

参考附录“词语的练习方法”中“翻牌说词语”。

3. 词语总复习

做 《活动手册》第 104 页“词语归类”、105 页“找不同”。

（二）语法

语言点综合复习

◆ **活动 1**

活动目的：通过“击鼓传花”游戏（学生抽签回答问题）来帮助学生复习已学过的语言点。

活动准备：

（1）教师可参考如下句子，把每个句子分别写在一张纸条上，然后把这些纸条折好，字不要露出来，放进一个盒子里。

你就要放暑假了吗？

你今天有汉语课吗？你明天还有汉语课吗？

你每天和谁一起吃午饭？

你会说汉语吗？你说汉语说得怎么样？

你喜欢游泳吗？你游泳游得怎么样？

你吃过饺子吗？你吃过几次饺子？

你去过动物园吗？你第一次去动物园是什么时候？

你今天是怎么来学校的？

你今天是什么时候到学校的？

你每天来学校要多长时间？

你学习多长时间汉语了？

你喜欢什么季节？为什么？

今天比昨天热，对吗？

你的同学都会说汉语吗？

现在你的左边（右边）是谁？

现在你的书包在哪儿？

你把电脑开开（关上）了吗？

（2）准备“击鼓”的用具（参照附录《课堂活动方法》中“击鼓传花”游戏）。

（3）准备游戏中的传递物（参照附录《课堂活动方法》中“击鼓传花”游戏）。

活动步骤：

（1）让学生围站成一圈，做“击鼓传花”游戏。

（2）教师突然停止“击鼓”，手中拿着传递物的学生要从盒子中抽取一张纸条，然后读出纸条上的问题，其右边的学生按实际情况回答。如果回答错了，这名学生要替换教师“击鼓”，但要背对着其他学生。直到有下一个回答错的学生来替换，这名学生才可以重新回到圆圈中继续参加活动。

小贴士：

为了让学生都有回答问题的机会，教师可小声提示“击鼓”的学生什么时候停止“击鼓”。

◆ **活动 2**

活动目的：通过语境帮助学生复习已学过的语言点。

做 《活动手册》第 106—107 页“选择正确的句子完成下列对话”。

（三）《活动手册》说明

1. 练习目的及方法

“词语归类”（第 104 页）：本课词语综合练习。训练的是学生的阅读技能，练习的目的是帮助学生按类别综合复习已学过的词语。要求学生把练习中上面所列词语分别归入与下面各组第一个词相同的类别中。这些类别分别为：交通工具、运动、处所、服饰、季节。

“找不同”（第 105 页）：本课词语综合练习。训练的是学生的阅读技能，练习的目的是帮助学生按类别综合复习已学过的词语。要求学生分别找出各组词语中与其他词不是同一类的词。每组词的类别分别为：天气、食品、颜色、动作、时间、称谓。

“选择正确的句子完成下列对话”（第 106—107 页）：本书语言点的综合练习。训练的是学生的阅读技能，练习的目的是帮助学生复习、巩固本书已学过的语言点。

“视频聊天”（第 108 页）：本课课文的交际性综合练习。训练的是学生的口语表达技能，练习的目的是通过对课文的扩展练习，帮助学生复习课文，同时训练学生将所学语言灵活运用到实际的交际中。教师把学生分为四人一组，小组先一起编写对话，然后进行会话练习。在小组练习前，教师可与一个学生扮演其中的两个人物，给其他学生做示范表演。教师可通过在对话中提问题来启发学生进行会话练习。

“听听判断”（第 108 页）：本课课文的综合练习。

“你的同学假期打算做什么”（第 109 页）：本课功能（谈假期打算）的交际性练习。要求学生根据练习的要求相互询问，把所获得的信息填写在表格中。教师根据学生人数给学生限定一个询问时间，比如十分钟。学生填写完表格后，教师让学生把各自的调查结果向全班学生报告。

“中国之旅计划”（第 110 页）：本书功能（描述方位、天气、去某地乘坐的交通方式及需要的时间）的交际性综合复习。教师要给学生提前布置任务，制定学生查询信息、制作 PowerPoint 的时间，比如一周到两周的时间。为使学生做好练习，教师可以先向学生介绍一下儿本练习的目的。本练习需要学生运用所学知识，制作 PowerPoint，然后用中文发言。这不但可以帮助他们提高灵活运用所学知识的能力，展示他们的学习成果，而且也是他们与同学相互交流、学习的一个好机会。

“写一写”（第 111 页）：因为本课是最后一课，故事中的小朋友们将要放暑假了，为本学年的学习生活画上一个圆满的句号，所以这里学写“再见”。

“读古诗”（第 111 页）：本课是最后一课，《登鹳鹊楼》中的“欲穷千里目，更上一层楼”勉励学生要继续努力学习。

2. 练习参考答案

“词语归类”（第 104 页）：

火车　飞机　公共汽车　自行车　地铁

游泳　跑步　踢足球　打篮球

海边　车站　教室　动物园

裙子　裤子　衣服　鞋

夏天　冬天　春天　秋天

“找不同”（第 105 页）：

（1）雨伞　（2）电脑　（3）快　（4）礼物　（5）小时　（6）老虎

“选择正确的句子完成下列对话”（第 106—107 页）：

（1）A：（你昨天晚上睡得很晚吗）？

B：不，我昨天九点就睡了。

（2）A：（你学习多长时间汉语了）？

B：两年了。

（3）A：（你去过中国吗）？

B：去过，（我去过两次）。

（4）A：你吃过饺子吗？

B：没有，（这是第一次）。

（5）A：你今天是骑自行车来的吗？

B：不是，我的自行车坏了，（所以我是坐公共汽车来的）。

（6）A：果汁呢？

B：（我把果汁喝了）。

（7）A：（要下雨了）。

B：我们回家吧。

（8）A：你吃饱了吗？

B：吃饱了，（但是我想再吃一点儿）。

（9）A：你喜欢什么颜色？

B：（这些颜色我都喜欢），但是我最喜欢蓝色。

（10）A：你一个人去旅行吗？

B：不，（我和朋友一起去）。

“视频聊天”（第108页）：

关于每个人物的假期生活对话参考如下：

Tom：

你每天都去海边游泳吗？——对，我每天都去游泳。

你游泳游得怎么样？——我游得很高兴。

心爱：

你现在在哪儿？——我在上海。

你是怎么去的？——我是坐飞机去的。

你坐了多长时间的飞机？——我坐了两个小时的飞机。

上海怎么样？——上海很漂亮。我很喜欢。

上海天气怎么样？——上海太热了。

Linda：

你现在在哪儿？——我在墨尔本，澳大利亚的南边。

那儿天气怎么样？——有点冷，常常下雨。

你在那儿做什么？——我看爷爷、奶奶和朋友，去公园玩。

贝贝：

你今天做什么了？——我今天去图书馆看书了。

你怎么样？——我很想你们。你们什么时候回北京？

“听听判断”（第108页）：

（1）F （2）F （3）F （4）F （5）F （6）F （7）F （8）F

听力材料：

（1）Tom 和爸爸、妈妈、哥哥、姐姐一起回美国。

（2）Tom 的哥哥游泳游得很好，但是不快。
（3）Tom 去过西安和上海。
（4）Tom 是坐汽车去上海的。
（5）去上海要坐五个小时的飞机。
（6）因为北京在上海南边，所以夏天北京比上海热。
（7）Linda 要去一个地方，那儿现在是夏天，但是有点儿冷。
（8）Tom 暑假可以和贝贝在学校见面。

“中国之旅计划”（第 110 页）：

参考如下：

The city we will visit is: 北京

The location of the city: 北京在中国的北边。

The weather of the city in the summer: 北京夏天很热，常常下雨。

How we will go there and how long it will take us to go there: 坐飞机去要十三个小时。

What we can experience there: 去长城、故宫、天坛公园、颐和园、动物园

看京剧、中国电影、足球比赛、篮球比赛

学习汉语、太极拳

吃中国菜、饺子

买中国茶、中国衣服

坐公共汽车、地铁

四 教学小贴士

中国主要的旅游城市

中国的旅游资源非常丰富，有很多著名的旅游城市，除前面我们已经介绍过的北京外，还有上海、西安、杭州等。

上海是中国最著名的工商业城市和国际大都市。它是中国的经济、金融、贸易、航运、科技、创新中心和航运中心。上海著名的旅游景点有外滩、东方明珠电视塔等。

西安是中国历史上建都朝代最多的城市，1981 年被联合国教科文组织确定为“世界历史名城”，名胜古迹有秦始皇陵兵马俑、大雁塔、华清池、碑林等。

杭州是中国八大古都之一，是中国著名的风景旅游城市，享有“人间天堂”的美誉。西湖是著名的旅游胜地。杭州还盛产丝绸和茶叶。

五 一课一测 Assessment

（一）根据听到的内容选出答案。 Listen to the recording and choose the right answer for each dialogue.

1.	A 商店前面	B 商店旁边	C 商店后面
2.	A 玩得很晚	B 睡得很晚	C 睡得很多
3.	A 坐公共汽车	B 坐火车	C 坐飞机
4.	A 打电话	B 看电影	C 上网
5.	A 关了	B 没有	C 五分钟

（二）选择一个正确答案完成对话。 Choose the right answer to complete each dialogue below.

1. 女：你来过北京吗？
   男：没有，这是（　）。
A 没来过　B 一次　C 第一次
2. 男：这些药怎么吃？
   女：这些药每天吃（　）。
A 两　B 二次　C 两次
3. 女：你把药吃了吗？
   男：（　）
A 不吃　B 没有　C 没吃过
4. 男：你姐姐旁边的那个人是你哥哥吗？
   女：不是，他是我弟弟，我哥哥在（　）。
A 旁边他们　B 后边他们　C 他们后边

（三）根据情境对话。 Make a dialogue according to the situation below.

The summer vacation is coming. You are talking with one of your classmates about what you are going to do during the vacation. You tell your classmate that you are going to visit a city. Your classmate is very interested in that place and asks you where it is located, how you will go there, how long it will take you to get there, what the weather is like now, etc.

"一课一测"参考答案

（一）根据听到的内容选出答案。

1.C　2.B　3.C　4.C　5.B

听力材料：

1. 女：你们学校在哪儿？
   男：就在那个商店后面，走两分钟就到了。
   问：学校在哪儿？
2. 男：你怎么了？
   女：我太累了，我昨天睡得很晚。
   问：她为什么很累？
3. 女：你是坐火车来的吗？
   男：不是，我是坐飞机来的。
   问：他是怎么来的？
4. 男：你在看电影吗？
   女：没有，我在上网呢。
   问：她在做什么呢？
5. 女：你把电脑关上了吗？
   男：我再用五分钟。
   问：他把电脑关了吗？

（二）选择一个正确答案完成对话。

1.C　2.C　3.B　4.C

（三）根据情境对话。

参考如下：

A：暑假你想做什么？

B：我要去旅行。

A：你要去哪儿旅行？

B：我要去上海旅行。

A：上海在哪儿？

B：上海在中国的南边。

“一课一测”参考答案

A：你怎么去那儿？

B：我坐飞机去。

A：要坐多长时间的飞机？

B：要坐十四个小时的飞机。

A：那儿现在天气怎么样？

B：那儿现在很热。

附录

《活动手册》题型及特点

词语练习

活动类型：

“看看贴贴”（第 1、2、3、4、5、9、10、11 课）
“看看连连”或“连一连”（第 1、2、7、8 课）
听录音选择（“听听选选”“听录音找鞋”（第 6 课））
看图选词或写词（“完成句子”“购物清单”（第 6 课））
“词语归类”（第 12 课）
“找不同”（第 12 课）

训练的技能及练习目的：训练的是学生的阅读或听力理解技能；练习的目的是检查学生对所学课生词的掌握情况，并帮助学生巩固所学生词。

语言点练习

活动类型：

“看图完成句子（对话 / 短语）”（第 2、3、4、5、6、7、8、9、10、11 课）
“看图选词”或“读读贴贴”“选词填空”（第 1、2、5 课）
“连一连”（第 2、3、4、10 课）
“听听判断”（第 1、4、8 课）
选择句子或词语（“选词填空”“完成句子”“选择正确的句子完成对话”（第 4、5、12 课））
（用所给的词语）“造句”（第 5 课）

训练的技能及练习目的：训练的是学生的阅读或听力理解技能；练习的目的是检查学生对所学语言点的掌握情况，并帮助学生进一步巩固所学语言点的用法。

要求及练习方法：

“看图完成句子（对话 / 短语）”

要求学生根据所提供的文字和插图信息选用所给的词语来完成句子。

“听听判断”

要求学生判断录音中的句子与所对应的插图的内容是否一致。教师在给学生订正答案时，如果录音与插图内容不一致，教师可让学生按照插图中的内容说出正确的表述。

课文综合练习

活动类型：

“听听判断”（第 2、5、7、8、9、10、11、12 课）

“听听找不同”（第 1 课）

“看图完成对话”（第 3、6 课）

“根据课文回答问题”（第 4、6 课）

训练的技能及练习目的：训练的是学生的听力理解（与口语表达）技能，或阅读与写作技能、阅读与口语表达技能；练习的目的是检查学生的听力理解水平、对课文的理解情况，并帮助学生巩固课文所学词汇、语言点及功能。

要求及练习方法：

“听听判断”

要求学生根据课文内容判断录音中的句子是否正确。教师在给学生订正答案时，如果录音中的句子是错误的，可让学生根据课文内容说出正确的表述。

功能练习

活动类型：

“看图完成对话”（第 6、7、8、10、11 课）

训练的技能及练习目的：训练的是学生的阅读与写作技能；练习的目的是帮助学生巩固课文中所学功能的表达。

语言点的交际性练习

活动类型：

“回答问题”（第 2、3、5、9、11 课）

按要求完成某个任务（“你家在哪儿”（第 1 课）、“找共同点”（第 3 课）、“猜一猜他是谁”（第 8 课）、“一次有意思的旅行经历”（第 10 课））

训练的技能及练习目的：训练的是学生的口语表达（与写作技能）或阅读与写作技能；练习的目的是检查学生对所学语言点的掌握情况，并训练学生在真实的、或模拟真实的语言情境中将所学语言运用到实际的交际中。

课文的交际性练习

活动类型：

通过与其他学生合作，完成所布置的任务（“视频聊天”（第 12 课））

训练的技能及练习目的：训练的是学生的口语表达技能；练习的目的是通过对课文的扩展练习，帮助学生复习课文，同时训练学生将所学语言灵活运用到实际的交际中。

功能的交际性练习

活动类型：

“分角色表演”（第 2、3、5、6、7、8、9、10、11 课）

完成所布置的调查或咨询任务（“小调查”（第 4 课）、“你的同学假期打算做什么”（第 12 课）、“中国之旅计划”（第 12 课））

按要求完成某个任务（“你家在哪儿”（第 1 课））

训练的技能及练习目的：训练的是学生的口语表达技能或阅读、口语表达与听力理解的综合技能；练习的目的是在模拟真实的语言情境中帮助学生学会把所学语言运用到实际的交际中。

要求及练习方法：

“分角色表演”

要求学生按照练习中所给情境和词语进行会话练习。

教师可参考如下步骤进行：

（1）教师先跟一个学得比较好的学生做示范表演。

（2）教师把学生分成两人一组做会话练习。分组时教师可把学习有困难的学生与学得好的学生分成一组，以便做练习时相互帮助。教师给学生限定一个小组会话练习时间，比如十分钟或十五分钟。

（3）小组做会话练习时教师巡视各组并进行指导。

（4）根据时间，教师可选几组或让各组到教室前面表演。每组学生表演完，教师可根据会话内容向其他学生提问，以检查学生的听力理解情况及注意力是否集中。

（5）各组表演完后，教师可与学生一起评选出表演得最好的一组，并给予奖励。

汉字练习

“写汉字”是每课的书写练习，学生要学写课文出现的一些常用汉字。教师可以板书带领学生多练习几遍，使学生熟练掌握正确的笔顺。教师示范书写时可以告诉学生要注意所写字的各笔画的相对位置和各部件的比例大小，让学生自己在本子上练习写这个字，教师进行巡视，如学生写的字有问题，教师要给予指导。

附录

课堂活动方法

词语的练习方法

词语的练习方法很多，为方便教学，这里提供一些易于课堂操作的方法，供教师参考。这些方法归纳为三大类：图片 / 卡片法、动作法和归类法。其中归类法适用于词语的综合复习。

一、图片 / 卡片法

图片 / 卡片法是利用图片或卡片，通过视觉与听觉的作用来练习词语的方法。图片 / 卡片法不仅适用于名词、动词、形容词等词的练习，也适用于词语的搭配练习，如动作性动词与宾语、数量词与名词的搭配练习，例如“踢足球”“一本书”。在词语学习的各个阶段都可以使用图片 / 卡片法。图片或卡片可以手工制作，也可以用 PowerPoint 制作成幻灯片。

下面提供一些利用图片或卡片练习词语的方法。每个活动名称后面都有一个概括该活动特点的标签，比如通过什么方法来练习词语，适用于词语学习的什么阶段，以便教师根据教学需要选择。

1. 师生对抗赛——视、听、重复；熟悉、记忆词语阶段及巩固、复习词语阶段

（1）活动特点：

此活动通过视觉与听觉，将词语与所对应的事物建立直接的联系，学生在重复中熟悉词语，进而记住词语。此活动特别适用于帮助学生熟悉与记忆词语阶段，也适用于词语巩固、复习阶段，但在操作上稍有所不同，详见下面的“小贴士”。

（2）活动准备：

教师准备要让学生练习的词语图片，也可用 PowerPoint 制作成幻灯片来做练习。

（3）活动步骤：

A. 向学生出示一张图片，然后用汉语说一个词，可以是这张图片所对应的词语，也可以是与这张图片不对应的其他词语。比如出示饺子图片，可以说“饺子”，也可以说“面条”或“米饭”。

B. 学生判断教师所说的词语是否是图片中的事物。如果教师说的是正确的，所

有学生重复词语；如果教师说的是错误的，学生保持沉默。比如教师出示饺子图片时说“饺子”，学生就要重复一遍；如果教师说“面条”，学生保持沉默。

C. 如果教师所说的词语是错误的，而所有的学生都保持沉默，学生就得一分；如果学生中有重复教师所说的错误的词语的，教师就得一分。

（4）小贴士：

A. 在熟悉与记忆词语阶段，教师出示图片时所说的词语最好大部分是正确的，可以偶尔故意说错个别词语，这样做的目的是通过重复帮助学生加深对词语的印象。根据学生情况，教师可重复出示已出示过的图片，并且在不同时间出示同一图片时可用正、误不同的词语，直到学生牢牢记住该词语。比如第一次出示图片时如果教师说的是错误的词语，第二次出示时可说正确的词语，以帮助学生记住正确的表达；如果第一次出示时教师说的是正确的词语，第二次出示时可说错误的词语，以检查学生是否记住词语了。经过这样反复练习，学生对词语的印象就会很深。

B. 在巩固与复习词语阶段，教师出示图片时可多说错误的词语，特别是用发音相近、词义相近或相反的词语，以检查学生对词语的掌握程度。例如出示鞋的图片，说“写”；出示一个很胖的人的图片，说“瘦”。

2. 猜猜少了什么——视、强化记忆；熟悉、记忆词语阶段及巩固、复习词语阶段

（1）活动特点：

此活动是通过让学生在一定时间内快速记忆一定的词语来强化词语在学生大脑中的印象，而教师则可以通过抽走的图片或卡片来帮助学生记忆需要记住的词语，或检查学生是否已掌握了某些词语。

此活动可以采用图片也可以采用词语卡片，但如果学生对词语记得还不牢固时，看到图片可能不知道中文怎么说，这对学生来说前者比后者的难度可能要大些，所以在熟悉、记忆词语阶段教师可采用词语卡片来做练习，而在词语的巩固、复习阶段可采用图片来做练习。

（2）活动准备：

教师准备要让学生练习的词语的图片或把词语写在卡片上，每张卡片写一个词语。也可用 PowerPoint 制作成幻灯片来做练习。

（3）活动步骤：

A. 每次可以选四张图片或卡片举起来，让学生看几秒钟，并记住这些图片所对应的词语或卡片上的词语，然后教师把这四张图片或卡片收起，打乱顺序并从中间抽走一张。注意不要让学生看到所抽走的是什么图片或卡片。

B. 把剩下的三张图片或卡片再举起来给学生看，让学生猜抽走的是什么。

C. 可给予最先说对的学生小奖励。

（3）小贴士：

A. 抽走的图片或词语卡片可以是学生需要记住的词语或教师要检查的词语。

B. 如果用 PowerPoint 把图片或词语卡片制作成幻灯片，每组可多放一些图片或词语卡片，这对学生来说很有挑战性，可增强活动的趣味性。

3. 抢拍图片——视、听、比赛；巩固、复习词语阶段

（1）活动特点：

要求学生将所听到的词语快速与所对应的事物联系在一起，可帮助学生熟练掌握所学的词语，一般适用于词语的巩固、复习阶段。

（2）活动准备：

A. 准备要让学生练习的词语的图片，并将图片贴在黑板上。

B. 准备两把可以拍打图片的拍子。

（3）活动步骤：

A. 把学生分成两组，并让他们到教室前面各站一队，然后把两把拍子分别交给每队队首学生。

B. 教师说一个词，拿着拍子的两名学生要在黑板上迅速找到并拍打与教师所说的词对应的图片。先拍中的学生就为其所在组得一分。然后学生传递拍子，继续活动。

C. 最后得分多的组获胜，可给予小奖励。

（3）小贴士：

A. 为增加活动的难度，可同时说两个词语，如“蛋糕和面包”。

B. 根据情况，可在每组或每几组做完练习后调换黑板上的图片顺序。因为如果学生记住了图片的顺序，活动就没有趣味了。

4. “击鼓传花”——视、比赛；巩固、复习词语阶段

（1）活动特点：

要求学生将所看到的图片快速与所对应的词语联系在一起，以此帮助学生熟练掌握及复习所学的词语，一般适用于词语的巩固、复习阶段。

（2）活动准备：

A. 准备要让学生练习的词语的图片。

B. 准备“击鼓”的用具（参照“‘击鼓传花’游戏的变化形式及需要考虑的问题”）。

C. 准备游戏中的传递物（参照“‘击鼓传花’游戏的变化形式及需要考虑的问题”）。

（3）活动步骤：

A. 根据学生人数，把学生分成两三组，每组学生各站成一圈。

B. “击鼓”或播放音乐，学生“传花”。

C. 突然停止“击鼓”或播放音乐，传花停止，拿着“花”的学生站着不动。

D. 随机出示一张图片，拿着“花”的学生说出图片所对应的词语。先说对的学生就为其所在的组得一分。

E. 师生继续“击鼓传花”，直到教师出示完所有的图片。最后得分多的组获胜。

（4）小贴士：

如果学生人数不多，可让学生围站成一圈进行活动，但此活动如能让学生围成两、三圈更好，因为学生之间有竞争，会使活动更有趣味。

5. 找字组词——视、组合；巩固、复习词语阶段

（1）活动特点：

学生将拆开的词语重新组合在一起，帮助学生熟练掌握及复习所学的词语，一般适用于词语的巩固、复习阶段。

（2）活动准备：

把要让学生练习的每个词语按音节拆开，把每个音节分别写在一张卡片上。如果所练习的是词语搭配，如动作性动词与宾语的搭配或数量词与名词的搭配，教师要把这些词语分别写在一张卡片上。例如“打”与“篮球”、“一件”与“衣服”。

（3）活动步骤：

A. 让每个学生抽一张卡片。

B. 如果教师所选的是双音节词语，学生要找到能与自己的卡片拼成词语的另一张卡片，然后两个学生一起把卡片交还给教师。例如一个学生手中的卡片是“唱”，另一个学生手中的卡片是“歌”，两个学生的卡片可以组成“唱歌”。

C. 可给予最先组成词语的学生小奖励。

二、动作法

动作法是将词语与动作结合起来练习词语的方法。动作法不仅适用于动词及动宾短语的练习，也适用于有些名词，如方位词、身体部位词的练习。动作法在词语学习的各个阶段都可以使用。

用动作法练习词语通常有两种形式：一是“我说你做”，就是一人发指令，其他人做动作。二是“我做你说”，就是一人做动作，其他人用一个词语来描述这个动作或这个动作所指代的事物或现象。如果用动作指代某种事物或现象，双方需要在活动前达成“共识”，说明用什么动作指代什么。比如两臂上举、左右摆动，表示“刮风”。“我说你做”也可以采用“西蒙说”这个游戏的形式，以增强活动的趣味性。

下面提供两种通过动作来练习词语的方法。每个活动名称后面都有一个概括该活动特点的标签，供教师根据教学需要选择。

1.“西蒙说”（我说你做）——听、做；熟悉、记忆词语阶段及巩固、复习词语阶段

（1）活动特点：

将听与做相结合帮助学生熟练掌握所学词语，适用于词语学习的各个阶段，但在熟悉与记忆词语阶段，着重点在于帮助学生熟悉、记忆生词。此活动可简化为教师只是下指令，而去掉“西蒙说”这一环节。

（2）活动步骤：

A. 活动开始前，可先带领学生一边说所要练习的词语一边做动作，帮助学生熟悉词语。

B. 根据学生人数，让全班学生或每次选几名学生到教室前面。教师说指令，如果指令中有“西蒙说”，学生要迅速做出相应的动作；如果指令中没有“西蒙说”，学生则保持不动。比如教师说“西蒙说，游泳”，学生要做出游泳的动作；如果教师只说“游泳”，学生则保持不动。

C. 做错的学生淘汰，坚持到最后的学生获胜。

（3）小贴士：

A. 可以让一名学生来发指令，而“西蒙说”则可变为“……（该学生名字）说”。可以指定这名学生发几个指令，指令发完后，获胜的学生可在下一组练习中发指令，但要用不同的词语发指令。

B. 此活动不仅可以用于练习动词及动宾短语，如“跑步”“打篮球”，也可用于练习方位词、身体部位词等名词。比如学生听到“头”就指头；听到“左”就伸出左手。

2. 我做你说——做、说；熟悉、记忆词语阶段及巩固、复习词语阶段

（1）活动特点：

此活动是将做与说相结合来帮助学生熟练掌握所学词语。它适用于词语学习的熟悉与记忆阶段，也适用于词语学习的巩固、复习阶段。

（2）活动准备：

教师把要练习的词语写在纸条上，每张纸条上写一个词语，然后把纸条折好，字要在里面。

（3）活动步骤：

A. 在活动开始前，教师可先带领学生一边说所要练习的词语一边做动作，以帮助学生熟悉词语。

B. 教师叫一名学生到教室前面抽一张纸条，这名学生要根据纸条上的词语做动作，其他学生用一个词语来描述这个动作。例如纸条上的词是“写”，这个学生可以

做写字的动作，其他学生则要说“写”。

C. 教师可让最先说对的学生在下一组练习中抽纸条、做动作。注意：学生抽过的纸条，教师不要放回去，以免学生再次抽到同样的纸条而重复做动作，从而使活动失去趣味。

（4）小贴士：

A. 在词语学习的熟悉与记忆阶段，此活动可由教师做动作，因为如果学生对词语还不太熟悉，看懂纸条上的指令可能会有一定的难度。在词语学习的巩固、复习阶段，因为学生对词语已熟悉了，所以可由学生做动作。

B. 练习方位词、身体部位词所做的动作参照“西蒙说”活动中的小贴士。

三、词语的综合复习方法——归类法

当学生学完一本书的时候，可能已学了上百个甚至几百个词语，如何帮助学生复习如此多的词语呢？教师可以对词语进行归类，将相关的一类词语一起进行复习。这样可以帮助学生将已学过的词语梳理成清晰的脉络，便于查漏补缺。根据教学需要，可有按主题、按词性等不同的归类方法。按主题归类，如时间、称谓、食品、水果、饮料、颜色、服饰、学习用品、动物、身体部位、交通工具、处所、方位、季节、天气、运动等。按词性归类，如名词、动词、形容词、量词等。比如学生在不同的课中已学习了一系列意义相反的形容词，教师可以将这些词语提出来，集中进行练习。下面提供几种利用归类法综合复习词语的方法。每个活动名称后面都有一个概括该活动特点的标签，供教师根据教学需要来选择。

1. 同类词语排队——同主题词语排成一队

（1）活动特点：

通过让学生根据主题对词语进行归类来帮助学生复习学过的词语。包含两个环节：第一个环节是所拿词语卡片属于同一主题的学生排成一队；第二个环节是学生站好队后，检查其他队中有没有站错队的学生。在第一个环节，学生往往关注自己所站队的一类词语，而第二个环节则是为了帮助学生复习其他类别的词语，以全面复习所学词语。

（2）活动准备：

A. 将所要复习的词语按主题进行归类，除本书中新学的词语外，根据需要可加入以前学过的词语。把每个词语分别写在卡片上，相同类别词语的卡片放在一起。

B. 准备与学生排队队数相应的数字卡片。比如每次活动学生要排四队，教师就准备从“1”到“4”的数字卡片，一张卡片写一个数字。

（3）活动步骤：

A. 在每次的活动练习中，教师选出三四类词语，根据学生人数每类再选出一些词语卡片。卡片数与学生人数相同。

B. 在选出的三四类词语卡片中各抽出一张，然后分发给三四名学生。学生举起各自的卡片，在教室前面并排站立，作为每类词语的队首。

C. 将选出的剩下的词语卡片打乱顺序，字朝下放，让其他学生各抽一张。

D. 下令排队，学生判断所拿的卡片上的词语跟哪个队首词语属于同一主题，然后迅速站到那个队中。

E. 学生站好队后，站在队首的学生就举手，教师按站好队的先后顺序，分别发给他们写有“1”“2”“3”“4”的数字卡片。队首学生把数字卡片举在胸前。

F. 按队首学生所举的数字先后顺序，各队学生依次读出自己所拿卡片上的词语。“1”队学生读完后，其他队学生和教师检查该队有没有站错队的学生。站错队的学生单站一队。依此类推。

G. 站错队的学生重新站队，找到正确的队伍。

H. 给先站好队，且没有错误的小组小奖励。

（4）小贴士：

A. 抽出的、作为队首的词语最好是新学的词语。词语放在队首的位置加以突出、强调，达到帮助学生巩固新学词语的目的。

B. 如有的类别词语较多，教师可将它们分次进行练习。

2. 找不同——找非同类词语

（1）活动特点：

此活动是将词语按主题或词性进行分类，每类中插入一个不属于此类别的词语，学生要找出这个非同类词语，以此帮助学生复习所学过的词语。

（2）活动准备：

教师将所要复习的词语按主题或词性进行分类，然后每个类别选五六个词语作为一组，写在一张纸上，其中插入一个非此类别的词语。比如在食品类词语中插入一个饮料类词语；在动作性动词中插入一个名词。教师也可用 PowerPoint 制作成幻灯片的形式来做练习。

（3）活动步骤：

A. 教师把学生分为两组。

B. 教师每次出示一组词语，学生要快速找出这组中与其他词语不是一类的词语。

C. 两组学生中最先说对的学生为其所在的组得一分。最后得分多的组获胜。

（4）小贴士：

学生找出每组中的非同类词语后，教师可让其说出原因。

3. 词语联想——总结同一类别的词语

（1）活动特点：

此活动将词语进行分类，引导学生总结属于同一类别的一系列词语，以此来帮助学生巩固所学过的词语。

（2）活动准备：

教师将所要复习的词语按主题进行归类，每类列出学生所学过的词语。

（3）活动步骤：

A. 教师把学生分为三四人一组。教师每次说出某个类别中的一个词语，每组学生要在教师规定的时间内一起写出与这个词语属于同类别的其他词语。比如教师说“面条”，学生可以写“饺子、蛋糕、面包”等食品类词语。

B. 时间到，各组停笔。各组汇总他们所写的词语，并算出词语总数，然后各组选一名学生读出他们所写出的词语，并报出词语总数。

C. 词语说得最多且正确的小组获胜，教师可给予小奖励。

（4）小贴士：

A. 教师所说的某个类别中的一个词语最好选本书中学生新学的词语，以突出该词语达到帮助学生巩固词语的目的。

B. 如果学生所想出的某类词语不多，教师可以通过提示的方法，引导他们想出所忘记的词语。

4. 翻牌说词语——说反义形容词或数量短语

（1）活动特点：

学生通过已知词语信息，按要求说出相关的另一个词语。此活动可用于帮助学生复习已学过的一系列意义相反的形容词或量词。

（2）活动准备：

A. 如果活动是帮助学生复习具有相反意义的形容词，教师列出学生已学过的这些反义词组，如“热——冷、快——慢、远——近”，然后把每个词分别写在一张卡片上。如果活动是帮助学生复习量词，教师列出这些量词及能与之搭配的名词，如“个——面包、西瓜、苹果；斤——菜、西瓜、苹果；杯——果汁、茶、牛奶；条——裤子、裙子；件——衣服；双——鞋；本——书”。注意：一个量词可以对应多个名词，一个名词也可对应多个量词。教师把每个词分别写在一张卡片上。

B. 教师为上面的每张词语卡片准备一张数字编号卡片，按“1”“2”“3”……从小到大的顺序写。注意：写有数字的卡片要能盖住词语卡片。

C. 教师把所要练习的词语卡片贴在黑板上，然后分别在每张卡片上贴上数字编号。注意：词语不要露出来。如果黑板贴不下所有的词语卡片，教师可将它们分次贴在黑板上进行练习。

（3）活动步骤：

A. 教师把学生分为两组。每次各组各叫一名学生进行抢答。在第一组抢答的学生中教师可指定其中一名学生选黑板上的一个编号，然后教师打开编号，露出词。如果活动是复习具有相反意义的形容词，学生要说出该词的反义词。如果活动是复习量词，学生要根据黑板上的量词或名词说出一个数量短语。比如词是“条”，学生可以说“一条裤子”，也可以说“一条裙子”；词是“苹果”，学生可以说“一个苹果”，也可以说“一斤苹果”。

B. 最先说对的学生为其所在的组得一分。作为奖励，教师可让该学生所在组的下一名学生在下一组练习中选黑板上的编号。注意：学生所选编号不能重复前面学生已选过的编号。

C. 最后得分多的组获胜。

“击鼓传花”游戏的变化形式及需要考虑的问题

“击鼓传花”是个传统游戏，可以用于词语及语言点的练习活动中。它不但可以调节课堂气氛，而且可以调动学生参与活动的积极性。因为学生无法预知“花”传到谁时“击鼓”停止，谁也无法预知谁将要做练习，所以学生就要集中注意力，随时做好做练习的准备。根据课堂情况，“击鼓传花”还可以有一些变化形式。

“击鼓”中的用具。“击鼓”中击打物不一定是鼓槌，只要是可以用于击打且轻便的物品就可以，比如笔、筷子。鼓也可以用其他物品代替，比如杯子、盘子、碗。“击鼓”也可以用播放音乐的形式来代替。教师可以在不同时间轮换使用这几种方法，学生就会对这个游戏总有新鲜感。

“传花”中的传递物。“传花”中的传递物不一定是花，可以用其他便于传递的物品代替，比如球、毛绒玩具或装有学生要回答的问题的小盒子（盒子传到谁那儿，谁就直接从盒子里抽问题）。

游戏规则。“击鼓传花”的游戏规则也可依情况而有所变化。在定游戏规则时，教师需考虑以下几个问题：

1. 谁来提问？如果活动是学生要回答所抽到的纸条上的问题，当“击鼓”或音乐突然停止时，手中拿有传递物的学生要抽问题签。由谁来提问呢？可以是抽签的学生自己读出纸条上的问题，也可以是学生把抽到的签交给教师，由教师读出问题。由教师读问题可以训练学生的听力理解能力。

2. 谁来回答问题？可以有以下两种形式：（1）由抽签的学生回答。如果提问的是学生自己，活动就是学生自问自答；如果提问的是教师，活动就是师生间的问答。（2）由抽签的学生左边或右边的学生回答，这种情况提问者是抽签的学生，活动是学生与学生之间的问答。这种形式不但可以训练学生的听说能力，而且增加了游戏的紧张度，从而使活动更有趣味。

3. 对回答错了的学生，怎么“处罚”？制定“处罚”规则是为了使学生认真参与活动，少犯错误。“处罚”可以有下面两种形式：（1）让回答错的学生站到队尾。在活动开始学生站成圆圈时，要确定队头与队尾。因为队形是圆形，所以队头与队尾是相邻的两个学生。这种“处罚”方式避免了“出局”，学生即使回答错了，还可继续参与活动。（2）让回答错的学生“击鼓”。“击鼓”就意味着“出局”，这种形式的优点是学生会努力回答问题，使自己不被淘汰。但需要制定一些游戏规则使学生“出局”后能再回到活动中来。比如可以让下一个回答错的学生来代替“击鼓”的学生。另外，活动要使每个学生都有均等的练习机会，但因为是学生“击鼓”，不好控制“花”传到哪个学生那儿时停止“击鼓”，也就是不好控制要让哪个学生来做问答练习。教师在活动中则可以在“击鼓”的学生旁边小声提示什么时候停止“击鼓”。

课堂活动中学生的分组方法

在课堂活动中很多活动是需要把学生分成小组进行的。教师可以按学生的座位进行分组，也可以根据学生的情况，把学习程度好的和学习有困难的学生组成“互助合作组”。除此之外，还有一些方法可以在分组的过程中帮助学生复习所学过的词语、调节课堂气氛、集中学生注意力等。另外，有些活动的分组还有一些其他要求，如需要把学生分成两大比赛组、需要确定小组练习的先后顺序、需要更换小组同伴等。这就需要教师根据不同情况采用不同的分组方法，而有效的分组方法也有助于活动的进行。下面所提供的一些分组方法供教师参考。

下面每个分组方法后面都有一个概括该方法特点的标签，可供教师根据需要来选择。本书很多活动都是以双人小组形式进行的，下面所有的方法都适用于双人分组，但有些方法也适用于多人组的分组，为区别这两种不同的小组形式，下面用标签分别标注。

在下面这些方法中有些需要学生抽一张纸条或卡片，然后按要求找到能和自己的纸条或卡片相配的同伴，教师需要限定一个时间，比如一分钟，学生要在规定的时间内迅速找到自己的小组活动同伴。

一、固定的小组

1. 按颜色分组——多人组、双人组

（1）分组准备：

教师准备一些彩色的物品，如彩色夹子、彩色曲别针、彩色纸条，然后放到一个盒子里。教师要把学生分成几人一组，每个颜色的物品就准备几个。例如活动需要两个学生一组，每个颜色的物品教师就准备两个。

（2）分组方法：

教师让每个学生从盒子中拿一个彩色物品，拿到相同颜色物品的学生为一组。

2. 按词语类别分组——多人组、双人组、可复习词语

（1）分组准备：

教师可按主题把学生已学过的词语进行分类，如食品、水果、饮料、方位、处所、季节、天气、服饰、学习用品、颜色、动物、交通工具、运动、身体部位等。教师要把学生分成几人一组，每类就选几个词语，然后把每个词语分别写在一张纸条上，折好，字不要露出来，再把这些纸条放到一个盒子里。

（2）分组方法：

教师让每个学生从盒子中拿一张纸条，拿到的纸条是同类词语的学生为一组。例如：拿到“饺子”和“面条”、“裙子”和“裤子”的学生分别为一组。

（3）小贴士：

此分组方法可以帮助学生复习所学过的生词，比如刚刚学过天气、服饰、颜色类词语，教师就可把这几类词语选入分组的词语类别。

3. 报数分组——多人组、双人组、分两大组比赛

（1）分组方法：

教师确定活动中每组需要多少名学生，然后用学生总人数除以小组人数，得到倍数，让学生由 1 报到这个倍数。比如，活动需要 4 人一组，学生总人数是 12，教师就让学生由 1 至 3 报数。学生报完数后，报相同数字的学生为一组。如果活动需要把学生分为两大组，教师只需让学生以“1”“2”的形式报数。

（2）小贴士：

此分组方法可帮助教师快速分组，但适用于学生总人数刚好是小组人数的倍数。如果活动是两名学生一组，而学生人数是单数，教师可加入到学生中一起参与活动。

4. 按相同答案分组——多人组、双人组、可确定小组练习的先后顺序、分两大组比赛

（1）分组准备：

教师准备一些纸条，张数与学生人数相同。教师在每张纸条上写一道简单的加、减、乘、除数学题。活动中需要几个人一组，就有几道数学题的答案相同。比如，活动中需要两个人一组，教师要准备有相同答案的数学题各两道。例如“1+2”与“5–2”。写完后，教师把纸条折好，字不要露出来，然后放到一个盒子里。

（2）分组方法：

教师让每个学生从盒子中拿一张纸条。纸条上的数学题答案相同的学生为一组。

（3）小贴士：

A. 因为此分组方法需要学生用数学知识，且需要动一下脑筋，所以当学生学习感到疲劳、注意力不集中时，这种让学生转换一下脑筋的方法可以帮助他们头脑清醒、注意力集中起来。

B. 如果活动需要确定小组做练习的先后顺序，教师可以让学生根据手中数学题的答案从小到大的顺序来做练习。

C. 如果活动是把全体学生分成两个大组进行比赛，每次在两组中各选一名学生做练习，教师在准备工作中可把有相同答案的两道数学题分别放在两个盒子中。活动开始时，教师先把坐在教室左半部分与右半部分的学生各分为一组，然后两组学生分别在两个盒子中各抽一张纸条。纸条上数学题答案相同的学生一起做练习。做练习的顺序参考上面的小贴士。

5. 组词分组——双人组、可复习词语

（1）分组准备：

教师选取一些学生已学过的双音节词语，然后按音节把词语拆开，分别写在一张纸条上。例如把“面包”拆成“面”和“包”；把“果汁”拆成“果”和“汁”。教师把这些纸条折好，字不要露出来，然后放到一个盒子里。

（2）分组方法：

教师让每个学生从盒子中拿一张纸条。拿到的纸条可以拼成一个词语的学生为一组。

（3）小贴士：

A. 此分组方法可以帮助学生复习所学过的词语。前面所例举的词语就是本书第二课中的生词，教师可以在第二课的课堂活动分组中采用此方法，以帮助学生加深对生词的印象。

B. 此分组方法一般适用于双人小组的分组，但多人小组的分组也可采用此法，

教师要根据小组成员数选取相应音节的词语。但因学生所学过的双音节以上的词语不是很多，所以教师可选的词语有限，又因双音节以上的词语组词对学生来说难度稍大一些，分组所用的时间也就相对多一些，所以是否采用此法来对多人小组进行分组，教师要视情况而定。

6. 配对分组——双人组、可复习词语、分两大组比赛

（1）分组准备：

教师准备两组卡片：图片与对应的词语卡片或汉语词语卡片与对应的英译卡片。比如：苹果图片与写有"苹果"的词语卡片，或写有"苹果"的词语卡片与写有"apple"的英文卡片。教师把这些卡片有图或有文字的一面朝下放到一个盒子里，不要让学生看到卡片内容。

（2）分组方法：

教师让每个学生从盒子中拿一张卡片。拿到的图片与词语卡片，或汉语词语卡片与对应的英译卡片相配的学生为一组。

（3）小贴士：

A. 此分组方法可以帮助学生复习所学过的词语。

B. 如果活动是把全体学生分成两个大组进行比赛，每次在两组中各选一名学生做练习，教师可把持图片与对应的词语卡片的学生或持汉语词语卡片与对应的英译卡片的学生各归为一组，然后手中的卡片能配成对的学生一起做练习。

7. 按相同数字分组——双人组、可确定小组练习的先后顺序、分两大组比赛

（1）分组准备：

教师准备一些纸条，张数与学生人数相同。如果学生人数是单数，要准备"学生人数 +1"张纸条。教师在每张纸条上按"1、2、3、4……"数字从小到大的顺序写一个数字，每个数字要分别写在两张纸条上，数字数是学生人数的一半。比如，学生人数是 10 人，纸条上的数字就是从 1 到 5。如果学生人数是单数，数字数是"（学生人数 +1）/2"。教师把纸条折好，字不要露出来，然后放到一个盒子里。

（2）分组方法：

教师让每个学生从盒子中拿一张纸条。拿到的纸条上的数字相同的学生为一组，如都拿到"1"的学生为一组。如果学生人数是单数，教师可加入到学生中一起参与活动。

（3）小贴士：

A. 此分组方法一般适用于两名学生为一组做练习，而且可以按学生手中纸条上的数字从小到大的顺序来作为小组做练习的顺序。例如拿"1"号的两名学生先做练习，然后是拿"2"号的两名学生，依此类推。

B. 如果活动是把全体学生分成两个大组进行比赛，每次在两组中各选一名学生做练习，教师在准备工作中可把数字纸条分成两个相同的组，每组都是“1、2、3、4……”的顺序，然后分别放在两个盒子中。活动开始时，教师先把坐在教室左半部分与右半部分的学生各分为一组，然后两组学生分别在两个盒子中各抽一张纸条。纸条上的数字相同的学生一起做练习。做练习的顺序参考上面的小贴士。

二、流动的小组——重组小组同伴

有时活动需要学生重新组合，与不同的同伴进行对话练习，比如第 12 课，询问不同的同伴暑假想做什么；第 4 课，问班上同学喜欢与不喜欢什么季节。下面两个方法是通过学生队形的变化来实现小组重组的，供教师参考。

1. 移动的圆圈

重组方法：

教师让学生按“1 、2”的顺序报数。报“1”的学生站成一圈，为外圈。报“2”的学生在外圈里面站一圈，为内圈。内、外圈的学生面对面一一站立。学生跟面对自己的学生进行对话练习。一个对话做完后，教师指定其中一圈的学生，如外圈学生都向右移动一个位置，这样每位学生就面对一个新的同伴了。如此下去，学生就可以跟不同的同伴进行练习了。

2. 移动的矩形方阵

重组方法：

教师让学生按“1 、2”的顺序报数。报“1”“2”的学生分别站成一列，组成一个矩形方阵。教师可让 1 列学生为一组，2 列学生为二组。教师确定每组的队首和队尾，然后让两列学生面对面站立，也就是每名学生都面对另一组的一名学生。面对面的学生就可以进行对话练习了。一个对话做完后，教师让二组队首学生站到一组队首，其他学生相应移动一个位置，一组队尾学生要站到二组队尾。这样每个学生就面对一个新的同伴了。

课堂教学中的策略

一、奖励学生的方式

在课堂活动中常常需要教师给予学生一定的奖励，以激发学生学习与参与活动的积极性。但如果不管什么活动，教师总是采用同一种奖励方式，学生可能就会对此失去兴趣，所以这就需要教师根据学生与活动特点而采用相应不同的奖励方式。下面提供一些奖励方式，供教师参考。本书将这些奖励方式分为口头奖励、物品奖励和无形奖励三种。

（一）口头奖励

口头奖励就是教师口头表扬学生，这是一种随时随地都可使用的简便、易行的奖励方式，但口头奖励并不只是用“很好”这样的言辞来表扬学生，实际上具体的表扬比简单的“很好”更有效。比如当教师要表扬分角色表演最好的一组学生时可这样表扬，“……说得很流利”“……用了很多本课新学的词”“……没有说错一个词”。此外，当教师用“很好”表扬学生时还可以边说边竖起大拇指，这样表扬更有力。

（二）物品奖励

物品奖励可以是贴纸、糖果等。教师可以在每次课堂活动中奖励学生贴纸，而在每周结束课前还可让学生各自数一下在一周内一共获得了多少贴纸。教师可给获得贴纸最多的前两三名学生以“周冠军”“周亚军”“周季军”的称号，教师还可给他们另外的嘉奖。学生为获得此殊荣，会努力多获得贴纸，也就会积极参与课堂活动。

（三）无形奖励

无形奖励是非口头和物品奖励，比如把学生的名字张贴在光荣榜上，在活动中教师委任学生一些权利、担当“领导”或协助教师做一些事情，这些对学生来说都是一种荣耀，等同于奖励。无形奖励可以有如下几种：

1. 分数奖励与“光荣榜”

教师可制作一个学生积分表格。在课堂活动中学生如回答正确，教师就在积分表格上加一分。教师可每周统计一次，选出分数最多的前三名学生，把他们的名字张贴在学习努力的“光荣榜”上。当学生看到每周自己或其他学生进步的足迹时可以激发他们更加努力学习。

2. 执行指令权

在某个活动中如果需要有个人发指令，教师可把这个发令权交给要给予奖励的学生。

3. 发问权

在某个活动中如果需要有个人提问题，教师可把这个发问权交给要给予奖励的学生。

4. 担当某个责任

教师可让要给予奖励的学生在活动中担当某个责任，如担当某种“领导”或协助教师做一些事情。比如在某个小组活动中需要一名学生作为组长，教师可让在上一活动中获胜的学生在下一活动中担当组长。协助教师做的事情可以是在活动中担当计数或计分工作、帮助教师张贴、分发、收回活动材料或活动物品等。

二、叫学生回答问题的策略

教师在叫学生回答问题时可能会遇到这样的问题：先叫谁？后叫谁？如何叫一个学生回答问题时，其他学生包括已回答过问题的学生，都保持注意力？下面提供几种方法供教师参考。

（一）在问答练习中使所有学生都保持注意力的方法

“随机”抽名字

教师把每个学生的名字分别写在一张小纸条上，然后把纸条折好，字在里面，纸条外面按“1、2、3、4……”数字从小到大的顺序写一个数字，然后放进一个盒子里。课堂上教师随机抽一张写有学生名字的纸条，纸条上写着谁的名字谁就要回答教师的问题。学生回答后教师再把学生名字纸条放回去，然后再抽另一张纸条，下一个学生回答问题。学生以为教师是随机抽名字的，所以不敢走神。实际上，教师可通过纸条外面的编号来掌控叫谁回答问题。教师在抽学生名字纸条时需注意以下两点：

（1）要让所有的学生都有练习的机会。

（2）偶尔抽一张已回答过问题的学生名字纸条，以确保每个学生在整个活动中都在认真参与。

（二）让所有学生都积极回答问题的方法

起立——坐下法

活动开始前教师叫全班学生都站起来，然后谁回答完问题，谁坐下。先回答完的先坐下，后回答完的后坐下，这样学生会积极回答问题，因为谁也不愿意是最后一个还站着的学生。

（三）确定学生做问答练习先后顺序的方法

数字法

教师准备与学生人数相同的数字纸条。按“1、2、3、4……”数字从小到大的顺序写，每张纸条上写一个数字。写好后教师把纸条折好，字在里面，不要露出来，然后把纸条放进一个盒子里。课堂上教师让每个学生从盒子中抽一张纸条。学生按纸条上数字从小到大的顺序做问答练习。

三、唤起与集中学生注意力的方法

（一）唤起全班学生注意力的方法

在课堂教学中教师可能会遇到这样的问题：当上课铃已响，教师可能会发现学生们还在津津有味地聊着天，而丝毫没有注意教师的存在，或当某项活动已结束，学生们却还沉浸在那项活动之中而兴高采烈地谈论着，教师则很难组织学生进行下一项活动。当遇到诸如上述问题时，教师该如何唤起学生的注意力，而使课堂教学正常进行呢？下面提供几种方法供教师参考。

1. 拍手与说提示语

当正式上课时间已到或某项活动要进行时，而课堂还没有安静下来，教师如果只是用语言来提醒学生停止交谈，往往会很难奏效，因为教师的声音可能会淹没在学生的说话声中。这时如果教师边拍手边说“上课了”或“安静”，则会很容易引起学生的注意，尤其是如果形成习惯，学生一看到教师拍手，马上就会安静下来。

2. 打手势与数数

使课堂安静下来，除了上述方法外，教师还可以举起一只手，以引起学生注意，然后从一到三数数，边数边打手势。具体来说，就是数“一”“二”“三”时举起的手分别伸出一个、两个、三个手指，表示数字“一”“二”“三”。当数到“三”时学生要全部安静下来，并停止手中所做的事，否则会被判“犯规”。这需要教师从一开始就要让学生懂得“游戏规则”，以形成习惯。数数时教师需要注意以下几点：

A. 数“一”时教师可把声音拉长些，以便引起学生们的注意。

B. 当看到大部分学生已安静下来，教师就开始数“二”，而声音随着学生们的安静程度可长可短。当看到还有一些学生没有安静下来，教师就故意拖长“二”的声音，等待他们安静。

C. 当教师数“二”的声音已拖长了几秒，如果还有个别学生在说话或没有停下手中的事，教师可停顿片刻，这沉默的几秒是在提醒学生这是“最后的通牒”，然后教师再数“三”。教师数“三”的声音长短同数“二”一样，依学生情况而定。

3. 与一名准备好了的学生开始活动

当要进行某项活动时，而学生们还未安静下来，教师可以环顾一下教室，找到已做好活动准备的学生，然后请他跟教师一起开始下一项活动，比如回答教师的问题、与教师做对话表演等。这一举动是在提醒其他学生下一项活动已开始，要做好准备，可能下一个回答问题的就是他自己。

（二）集中个别学生注意力的方法

在课堂活动中，有时在一个学生回答问题或做课堂练习时，教师可能会发现有个别学生在开小差或与旁边的学生小声聊天，这时就需要教师采取一些针对个别学生的方法，使他们专注于正在进行的课堂活动。下面提供几种方法供教师参考。本书将这些方法分为信号法与活动直接参与法两大类。

1. 信号法

信号法就是教师发出有声或无声信号来暗示、提醒学生，要专注于课堂活动。

（1）发“嘘”声信号

在课堂上，当有个别学生与旁边的学生小声聊天时，教师可以竖起食指，放在嘴唇下边，对聊天的学生发出“嘘”的声音，以提醒学生要安静。当学生们知道这是提醒安静的信号时，有时其他学生也会像教师那样发“嘘”声来提醒聊天的学生。当同时有几个学生都在发出这个“嘘”的信号时，聊天的学生自然就不好意思再聊了。

使用这种方法时，教师只需发出信号，而不必说话，而且也不必中断课堂活动。

（2）发无声的暗示信号

当个别学生聊天或做与教学无关的事情时，教师还可以无声信号来暗示学生。比如，前面提到的发“嘘”声信号，教师也可改为发无声信号，也就是教师走到聊天的学生旁边，只把食指竖在嘴唇下边，而不发声，以此来提醒他们，这样也不会影响其他学生。此外，教师也可站在学生旁边，还可轻敲一下儿学生的课桌，学生便会心领神会。对于好面子的学生，教师就可采用这种暗示的方法。

2. 活动直接参与法

活动直接参与法就是教师通过给聊天或做其他事情的学生一个直接参与课堂活动的机会，而把他们的注意力引回到课堂活动中来。

（1）叫学生回答问题

当教师发现某个学生注意力不集中时，可以叫那个学生回答问题，以此来集中学生的注意力。

（2）给学生一个任务

教师也可以给注意力不集中的学生一个活动中的任务，因为是亲身直接参与活动，学生就无法再开小差了。如果活动中需要有人计数或计分、需要有人做动作（其他学生来描述动作）等，教师就可以把这样的任务交给开小差的学生。教师还可以让学生帮助教师擦黑板、张贴活动材料、分发或收回活动用品等。这里提到的某些任务，如担当计数、计分、分发材料等工作也可作为奖励学生的一种方法。可见学生是很乐于做这样的事情的，所以会有助于他们积极参与活动。

（三）集中小组学生注意力的方法

1. 提醒教师要检查

课堂活动中也常常需要学生以小组为单位进行活动，比如两、三人一组的会话练习，但教师在巡视时也会发现有些小组的学生会利用这个机会在一起聊天或做与课堂活动无关的事。这时教师可以提醒这个小组教师要在两分钟后检查他们。这会使聊天儿的学生感到时间紧迫，所以就会按要求做课堂练习。

2. 提醒活动的结束时间

一般小组活动也是有时间限制的，时间到时教师要检查活动结果。除了上面的方法外，教师也可提醒没有做课堂活动的小组还有多长时间活动就要结束了，比如告诉他们活动的时间只有三分钟了，学生就会马上把注意力转移到教师所布置的任务中来了。

词　表

拼音	汉字	所在单元
B		
bǎ	把	11
ba	吧	2
bái	白	6
bǎi	百	8
bàn	半	7
bāngzhù	帮助（4）	2
bǎo	饱	3
bēizi	杯子	5
běn	本（2）	5
bié	别	5
C		
cài	菜	3，6
chànggē	唱歌	8
chēzhàn	车站	1
chídào	迟到	9
chū	出	9
chuān	穿	4
cì	次	6
D		
dǎ lánqiú	打篮球	8
dànshì	但是	3
dàngāo	蛋糕	1
dāngrán	当然（4）	4
de	得	8
dìyī	第一	6
diànnǎo	电脑	10
diànyǐng	电影	10
diū	丢	9
dōngxi	东西	2
dǒng	懂	5
dòngwùyuán	动物园	9
dōu	都	3
dú	读	2
duì	对	5
E		
è	饿	6
F		
fēijī	飞机	3
G		
gǎnmào	感冒	11
gěi	给	5
gōnggòng qìchē	公共汽车	7
guāfēng	刮风（4）	4
guān	关	11
guǒzhī	果汁	2
guò	过	9
H		
hái	还	1

拼音	汉字	所在单元
hēi	黑	6
hóuzi	猴子（4）	7
hòu	后	1
huài	坏	9
huānyíng	欢迎	3
huí	回	9
J		
jīdàn	鸡蛋	6
jiàn	件	5
jiǎozi	饺子	6
jiàoshì	教室	1
jìn	进	9
jìn	近	7
jiù	就	7，11
K		
kāi	开	3
kě'ài	可爱	9
kè	课	2
kū	哭	5
kùzi	裤子	6
kuài	快	3
kuàilè	快乐	3
L		
lán	蓝	6
lǎohǔ	老虎	7
lèi	累	2
lǐwù	礼物	5
M		
mài	卖	6
màn	慢	8
máng	忙	3
méiguihuā	玫瑰花（外）	5
měi	每	3
miànbāo	面包（1）	2
N		
ná	拿	9
nǎinai	奶奶	3
nán	男	8
nán	难	2
néng	能	5
niánjí	年级	2
nín	您	3
nǚ	女	8
P		
pángbiān	旁边	1
pàng	胖（4）	6
pǎobù	跑步	8
Q		
qiān	千	8
qián	前	1
qùnián	去年	3
qúnzi	裙子	4
R		
ràng	让	11
S		
shàngwǎng	上网	10
shǎo	少	6
shēntǐ	身体	11
shēngbìng	生病	11

拼音	汉字	所在单元
shēngrì	生日	5
shíhou	时候	6
shíjiān	时间	2
shìqing	事情	3
shòu	瘦（4）	6
shūfu	舒服	11
shuǐguǒ	水果	6
sòng	送	5
suǒyǐ	所以	4
T		
tā	它	9
tài	太	4
tàiyáng	太阳	5
téng	疼	11
tī zúqiú	踢足球	8
tiàowǔ	跳舞	8
tīng	听	2
W		
wán	完	11
wèishénme	为什么	4
wèi	喂	11
wèn	问	5
wèntí	问题	2，5
X		
xīguā	西瓜	4
xǐzǎo	洗澡	3
xià	下（2）	6
xiàxuě	下雪	4
xiānsheng	先生（4）	6

拼音	汉字	所在单元
xiǎng	想	2，3
xiǎojiě	小姐（4）	6
xiǎoshí	小时	7
xiào	笑	5
xiē	些	3
xié	鞋	6
xiě	写（2）	2
xīn	新	1
xiūxi	休息	2
Y		
yào	药	11
yéye	爷爷	3
yìqǐ	一起	11
yīfu	衣服	5
yìsi	意思	2,5
yīnwèi	因为	4
yóuyǒng	游泳	8
yòu	右	1
yǔsǎn	雨伞	9
yuǎn	远	7
yuèliang	月亮	3
yùndòng	运动	8
Z		
zài	再	3
zhǎo	找	9
zháojí	着急（4）	9
zhīdào	知道	5
zhōngwǔ	中午	6
zìxíngchē	自行车（4）	7

拼音	汉字	所在单元	拼音	汉字	所在单元
zìjǐ	自己	5	zuì	最	4
zǒu	走	2	zuǒ	左	1

注：本词表对应课本 3A、3B 最后的词表。汉字后括号内的数字“1、2、4”显示该词在 YCT 大纲中的级别；“外”表示该词为 YCT 大纲以外的词汇；没有特别标注的词均为 YCT 三级词。